反驳的37个技巧

[日] 五百田达成 著
刘韵超 译

机械工业出版社
CHINA MACHINE PRESS

图书在版编目（CIP）数据

反驳的 37 个技巧 /（日）五百田达成著；刘韵超译. —北京：机械工业出版社，2023.2（2024.8 重印）
ISBN 978-7-111-72595-4

Ⅰ. ①反…　Ⅱ. ①五… ②刘…　Ⅲ. ①语言艺术—通俗读物
Ⅳ. ① H019-49

中国国家版本馆 CIP 数据核字（2023）第 024362 号

机械工业出版社（北京市百万庄大街 22 号　邮政编码 100037）
策划编辑：刘　岚　　责任编辑：梁一鹏　王淑花　刘　岚
责任校对：韩佳欣　李　婷　　责任印制：郜　敏
三河市国英印务有限公司印刷
2024 年 8 月第 1 版第 4 次印刷
128mm × 182mm · 5.375 印张 · 97 千字
标准书号：ISBN 978-7-111-72595-4
定价：59.80 元

电话服务　　网络服务
客服电话：010-88361066　机　工　官　网：www.cmpbook.com
　　　　　010-88379833　机　工　官　博：weibo.com/cmp1952
　　　　　010-68326294　金　　书　　网：www.golden-book.com
封底无防伪标均为盗版　机工教育服务网：www.cmpedu.com

前　言

“啊？搞什么！好烦啊！到底要我说几遍啊！笨死了！”

“我怎么招了你这种笨家伙！这点事情都不会做吗。赶紧给我去做！”

“你不想生小孩吗？有男朋友吗？什么时候结婚？有约会吗？”

“你工作做得也太慢了吧。这样都能拿到工资啊，羡慕死我了。”

突然的呵斥、可怕的职场霸凌、恶心的性骚扰、尖酸的讽刺挖苦……

让你真的很糟心吧。

心烦意乱，气到发昏。你在心里面偷偷骂他，祈祷他赶快走开。

认真又努力的你，终于忍不住要反驳。或是用“我也是事出有因”来进行说明，或是告诫对方让他“别说了”。

但是不知道为何原因，**这样的反驳，通常都是不了了之。**

明明你讲得很有道理，对方却更来劲了。

假如你转换了话题，还会引来对方更大的怒火。

好奇怪，不该这样的……你变得很烦躁。

于是你只能放弃争辩，**想着“我最好还是保持沉默”，以后再碰到这种事就什么也不说，让它过去。**是的，只要忍耐就行了，只能这样了。

确实，上述做法当时就可以让事情结束，但是却**不能抚平自己心灵的创伤。**

你的自尊受到伤害，满心不甘。“为什么他要这样说我？”你很郁闷。

随后，你转念一想：“不能再这样下去了！”你在心里发誓：“下次我要反驳！”但实际上，下次被说的时候，你还是没办法反击。

于是你又回到了起点，无限循环、走投无路。

为什么会变成这样？

有没有什么方法可以用言语回击这些让人糟心的家伙。

你是否用过“错误的反驳方法”

对你口出恶言的人，各有各的想法。

有的人想要欺负你，有的人为了排解压力拿你当消遣，还有的人则为了显摆自己来获得良好的自我感受……

他们总有这样或那样的心理原因。

然而，**你看不见这些，也搞不明白。**

的确，你没空去琢磨对方内心的想法。

于是，你烦躁的情绪终于奔涌而出，一心想要去反驳。

但是，这样的反驳完全是没有效果的。

对方根本不会反省，也不会闭嘴。如果不小心刺激到了对方，反而会让他越来越起劲。

对你来说，烦躁的情绪没有完全释放，没有达到“我反驳了”的爽快淋漓。

也就是说，你的反驳方法是无效的。

在没明白对方想法的情况下胡乱反击，自然没办法完美地击退对方。因此，**你无法驳倒对方，也无法堵上他的嘴。**

你将处在一个被指责、被攻击的状态。

不妙，危机四伏。

为了不变成这样，你该怎么做才好呢？

你不想把事情闹大。

但是，也不喜欢一直被说令人气愤的话。

通过完美的反驳，让对方反省并道歉，让自己神清气爽。

有没有这种像魔法一样的反驳技巧呢？

对糟心的对象进行果断的反驳

对待糟心的对象，要用一句话直击要害，这样的反击立竿见影。

冷静果断地反击。这样会让对方大吃一惊、不寒而栗、心生怯意。对方就不会再咄咄逼人，也不会翻来覆去地纠缠不休。

不必怒吼“你太没礼貌了吧”，也不必言语威胁“你给我记住了”而留下芥蒂，你可以安静而快速地击败对方。

然后，**他就不会再对你恶言相向，说些让你发火的话了。**

你得救了。

内心恢复平和。

你的烦躁、焦虑都奇迹般地消散了。

你可以过上没有压力、轻松畅快的普通生活了。

恭喜，恭喜！

※ 这本书帮助你给这些糟心的人做了分类，为你总结了 37 种针对不同类型人的**正确反驳技巧**。

果断地反击。

毫不迟疑地反驳。

哪个都是迄今为止你所不知道的“超级外挂”。

从今天起，无论是谁，都可以马上运用这些“超级简单的技巧”。

你无需再忍耐。

现在开始，勇猛地反攻。

我从心底里为你祈祷，愿你能拥有勇气，拥有平和的每一天。

目　录

第二章 对“自私又任性的人”反驳

第三章
对“傲慢器张的人”反驳

第四章 对“执拗又麻烦的人”反驳

* 文章中出现的“生气值”，是以日本全国 20 至 60 岁的男女为对象，进行问卷调查所得出的结论。

第一章

对“爱指责又唠叨的人”反驳

| 语言反击技巧 1 |

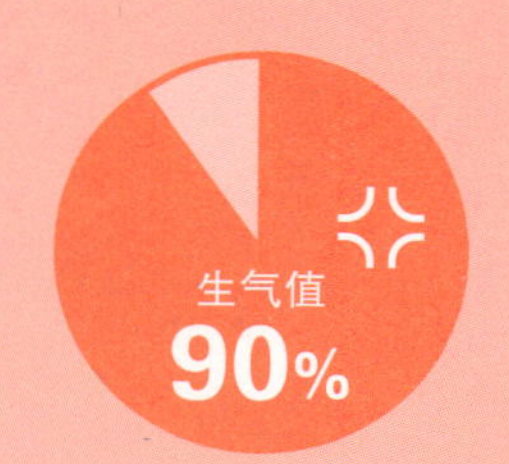

对待恶语相向的人，以“yes，but”回击

——“你这人真是不行啊，工作慢死了！”

——“你穿得也太土了吧，挑衣服能不能上点心！”

——“好像不够入味，你做的菜太难吃了！”

有些人，总是会当面说你的不好，还摆出一副好像他吃亏了的样子。

听到这种话，你会悲伤、不甘、愤怒直冲心头：他为什么要说这种话？我又没什么错，明明错的是他……

于是，你终于鼓起勇气回击了一句：“可是你也很慢啊。”“但是最近我已经对穿着打扮很注意了。”

或是别别扭扭地说：“反正我没什么做菜的天赋。”但是，说完之后，会觉得对方好像更加来劲，恶言恶语完全停不下来。

“别找借口！”“你骨子里土，没办法了。”“就因为你性格如此，所以事情做不好。”

本来就很受伤了，他还要在你伤口上撒盐，你的心情真是沉到谷底。

但是，**对这种不想再听第二遍的恶心话，说谢谢不好，沉默不反击也不行。**

该怎么做才好呢？

有没有什么可以爽快地反击的技巧呢？

那个人为什么要说我不好呢？

说你不好的人，总之就是想为难你。

你不好，你有错，你不行，忍不住想说你，想让你自认不足，这就是他骂你的原始动力。

因此，**在你承认错误之前他是不会停下来的。**他的最大目的就是让你亏欠地说“是我不好”，否则他就会一直纠缠不休。

你想用“可是”“但是”来辩解，或者用“反正”来转换话题，反而会让对方的恶意升温。“你说的不对！”“你怎么还没懂啊！”

在这种情形下，我们有两种选择。

可以选择强力反抗：“我没错！错的是你！”或者彻底投降：“好了，是我错了。对不起。”

然而，**强力地反抗会消耗你的体力和精力，还会把事情闹大，**而且你吵架的本事也不及对方，就算回击了很多句话，结果还是会被对方绕进去。

反过来，你也**接受不了一开始就老老实实地认输：**为什么非要我处在下风不可？明明是他不好！乖乖投降的感觉更让人不爽。

太难了。真的只有这两种选择吗？

真的没有一种可以平衡强力反抗与乖乖投降的更合适的方式吗？

用“yes，but”的话术来反击

对那些口出恶言的人，可以用“先接受再反击”的方法。

——“你这人真是不行啊，工作慢死了！”

——“确实如此……但是，你联系我的时候就很晚了吧？”

——“你穿得也太土了吧，挑衣服能不能上点心！”

——“我学到了，但是，我不像科长您这么空闲。”

——“好像不够入味，你做的菜太难吃了。”

——“好难啊……那我也大胆地说一句，你的脚一直好臭啊。”

就像这样，姑且先接受对方所说的话，在满足对方欲望的同时，也能显示出自己的从容。然后，在对方露出破绽的时候立马攻击他的漏洞。

具体而言，就是要有意识地运用“确实如此，但是……”“是啊，可是……”这样的说话方法。这种话术被称为“yes，but”或者“yes，and”。

此外，“反过来说”“相反”这些词在“先姑且接受进而反击”的还嘴中也很好用。

顺便说一句，这些话术技巧在普通的会议中或者谈判中也很有效。

比起“可是”“但是”这样的硬碰硬回复，我说的这些技巧更加精明，更加自若，所以我很推荐。

那些对你恶语相向的人▶▶▶

实际上 **他就是想要指责你**

NG **用“可是”“但是”来回复会火上浇油**

OK **姑且先接受，紧接着再反击更有效果**

语言反击技巧 2

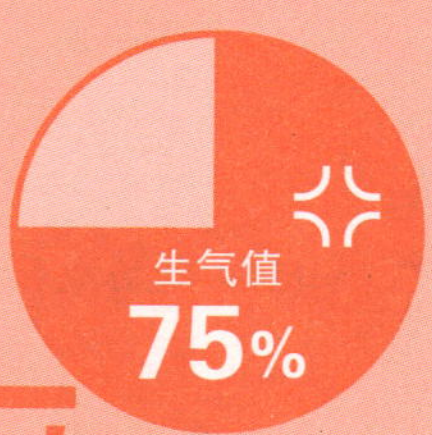

对待乐于讽刺挖苦的人，对他说声“谢谢”

“真好啊，看你整天悠闲的样子。好羡慕你啊，真的。”

“你家孩子这么乖，你这个做妈妈的很轻松吧。”

“好贵啊，那你们会提供超级好的服务吧。”

总有那么些人，说话会带些讽刺挖苦的意思。

含沙射影、冷嘲热讽、指桑骂槐……他们说这些话的时候，你会觉得很心烦，很恼火。

当然你也可以装出一副诚惶诚恐的样子：“哪里哪里，没有这回事。”对话也就这样结束了。但是你心中的焦躁却无法消失。

或者你也可以直接反问：“你为什么要这么说话？”“哎！那又怎样？”但那也只能换来对方耸耸肩，

一副皮笑肉不笑的表情而已。

如果一直这样被人挖苦，你会从心底里感到厌烦，还不如让对方直接对你发牢骚。

讽刺挖苦是一种自古以来就存在于日本的交流形式。它有着悠久的历史，确实是一个可怕的陋习。即使是现在，也没有正确的反击方法。

难道就没有某种方式能快速地对乐于讽刺挖苦的人进行还击吗？

挖苦是腐蚀内心的病毒

挖苦你的人，真实的想法是想以迂回的方式来攻击你。

想抱怨你，为了避免吵架，又不敢直接说。于是他们用一种含蓄的方式把企图抱怨的情绪包装起来，站在一个安全地带，狡猾地说你的坏话。

“很羡慕你工作悠闲。”“很羡慕你孩子如此优秀。”“期待着你优质的服务。”……表面上看来，哪句话都不是坏话，反而像是在夸你。

但对你而言，他们话里话外清楚地透露出“给我好好工作”“别偷懒”“便宜点”这样的隐藏信息。这些信息被他们隐藏得很好，所以很难反驳。**如果你试图争辩，他们又会假装一副什么都不知道的样子：“我没这个意**

思呀。”

如果你不理会他们，他们反而会得意忘形，继续说那些难听的话，让你不断地感到沮丧。

你唯一能做的就是咽下这口气，随后向你的朋友和家人哭诉。但他们也只能说：“就让他们说去好了”。

慢慢地，你的挫折感会到达临界点。直到某个时刻，你也开始反驳，回敬他些刻薄话。当然，你挖苦他的时候感觉会很好，但是回味起来却又不那么愉快。

言语中的挖苦虽然看不见，却会慢慢腐蚀你的内心。

难道就没有什么对抗挖苦的好方法吗？

用“谢谢”来给挖苦消毒

对待挖苦你的人，最有效的方法是说“谢谢”。

“真好啊，看你整天这么空闲的样子。”

“谢谢！每天能早点回家我也很开心。”

“你家孩子这么乖……”

“谢谢！我家的孝顺孩子真是帮我大忙了。”

“好贵啊，你们会提供超级好的服务吧。”

“谢谢！是的，我对我们的服务质量很有信心。”

通过展示善意来对付对方投掷过来的刁钻恶意，你将比他们站在更高的道德制高点上，方法很有效。换而言之，如同是尽快把病毒消灭的那种感觉。

其实对方的目的是看你出糗。但如果你很开心地对他说“谢谢”，他反而会很吃惊，并且会以“不用，好吧”之类的话来撤退。

用感谢回敬挖苦。

诀窍是：精神饱满、心情愉悦地终结话题。

那些乐于讽刺挖苦的人▶▶▶

实际上 **他很奸诈，不会把心里真实的想法直接说出来**

NG **无视他会让自己烦躁**

OK **说声“谢谢”，抢占道德高位**

| 语言反击技巧 3 |

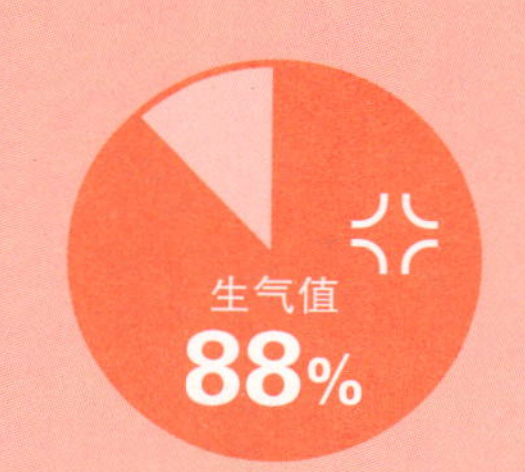

对待忽然暴怒的人，低下脸保持沉默

“开什么玩笑！你这垃圾，给我辞职！笨死了！”

“烦死了，你给我闭嘴！”

有些人会忽然暴怒。偶尔一次还能忍受，然而他会屡次三番地爆发。

大喊大叫、扔东西、踢桌子……你被他吓了一跳，很害怕，整个人呆住了。

面对这种情况，**你也许会对他说：“请冷静一下。”“我们谈谈吧。”结果却是火上浇油愈演愈烈。**“你看不起我吗！”“我叫你闭嘴！”你更加激怒了他。

假若你试图提高声音：“我没看不起你！”“别这样！”最后又有可能升级成一场暴力事件。

对待忽然之间暴怒的人，怎样反击才是正确的呢？

易暴怒的人的心理

容易发火的人会在威逼他人的过程中获得快乐。

他们并没有生气，也不是想凌驾于你之上，他们只是想要威慑你、恐吓你、从气势上压倒你。他们很满足于看到你瑟瑟发抖的样子。

不知道是因为他们每天都承受着巨大的压力，还是天生易怒的脾气，总而言之，这是一种很严重的疾病。

这种人会瞄准并攻击比自己弱小的人。

他们想通过恐吓对手获得快感，精心挑选出容易受惊吓的人，并对他们大发脾气。事实上他们自己也是懦夫。如果是比自己强壮的人，或者是地位更高的人做错了事，他们是绝不敢露出自己的尖牙的。

面对这种人，你肯定会感到愤怒："这家伙生的什么气？"你想先让他平静下来，所以你会去安慰他："好了好了。"对吧？

然而对方太过于兴奋了，以至于无法控制自己。所以无论你说什么他都听不进去的。

反过来说，他就是想激怒瑟瑟发抖的你，让你出言不逊，这样他会更加兴奋，顺势勃然大怒。

太糟糕了。

有没有什么方法能尽快平息这场风暴，让自己不必那么难受呢？

让暴风雨过去的最佳方法

遗憾的是，没有什么好方法能和正在暴怒发脾气的人顶嘴。**你只能保持沉默，等待这场暴风雨过去。**因为对方暴怒时心理状态不正常，所以任何主动出击都不是好办法。

但是请不要失望，还有一个很好的方法可以解决这个问题。那就是“低下脸”。

如果你低下脸，乍一看，好像你是在对他表示顺从，顺应他的心理状态。

然而，因为对方看不见你的表情，你可以低着脸轻骂一句：“真是个白痴。”还可以嗤笑一声，吐吐舌头。

只要你把这个动作当作是“低下脸”而不是“低下头”，你的自尊心就不会受到伤害，你就会认为“犯错的是对方”。

你也可以想一些完全无关的事情，比如晚餐吃什么，或者在脑海里轻声哼唱，都无所谓。

这样一来对方会因你的“低头”沉默而洋洋得意：“别光闭着嘴，说话！”或者“看着我！”你可能会有点动摇，但是不要理会他们，不要被他们的诱导蛊惑。

他们正迫不及待地想要发泄。无论你对这种人说什么，他们都会用更难听的话来攻击你：“没有问你！白痴！”就算你只是抬起头，他也会找你的碴：“怎么？你对我有意见？”

你不甘愿落入这样的境地，也没有义务接受他的语言暴力。

所以无论他说什么你都要沉默不语，就像在火车上碰到个疯子在发神经，不要卷入其中，也不要受到伤害，无论是身体上还是情感上。

顺便说一句，用手机把过程偷偷录下来也是个好办法。这能给你心理上一些回旋的余地，说不定什么时候能对你有所帮助！

那些忽然暴怒的人▶▶▶

实际上 **他喜欢看你瑟瑟发抖的样子**

NG **冷静地回应会起反作用**

OK **低下脸沉默不言是让暴风雨尽早过去的最好办法**

解决！

语言反击技巧 4

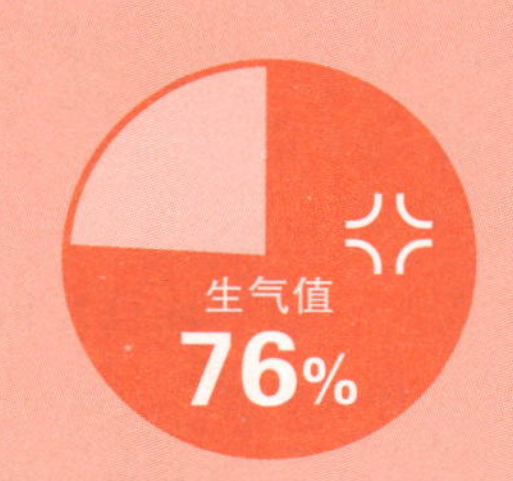

对待满嘴抱怨的人，把他拉下水

“商品这样摆放不好看啊！你这样下去可不行。”

“包装设计得好土啊。难怪会输。”

“比起意大利菜，日本料理更令我偏爱，吃了不会积食。”

有些人总是对已经过去的事情喋喋不休，或者事后抱怨个不停。假如有不满就早点说出来，事情都过去了还唠叨个不停，烦死了。

但是，用诸如“不要事后才告诉我”或者“那你应该先告诉我”之类的抱怨来回应，基本上都会遭到对方白眼。甚至他们可能会将错就错：“我就是现在反应了过来才要说。”“我当时以为这会是个好主意。”

“反省不重要，我们先考虑一下接下来要做的事情。”“执拗于过去也没什么意义。”即便你打算用上述方式来试图让他们将眼光放远也是徒劳，对方反而会来对你进行说教：“如果不好好反思的话，你是没法进步的！”“不要回避失败！”

这样就彻底走投无路了。

尽管你在努力用言语来反驳，但终究还是让你感到有些郁闷。这到底是为什么呢？你是因为什么而生气呢？

你被激怒的真正原因

喜欢抱怨的人总是认为，一切都是“别人的问题”。

他们认为眼前的工作和话题和他们无关。自己是一个局外人，理应对你指手画脚。他们甚至认为，用这种抱怨的方式来帮你冷静地分析问题是他们的职责。

退一步讲，假如他们只是算命先生或者顾问，上述做法没什么问题。但如果他们是你的同事或上司，用这样的态度对待你，你自然会感到恼怒。

在本节开头的例子中，如果他们这样说：

“你们展示产品的方式还不够好。明天我们再改吧。”

“包装的设计应该在会议上再多加讨论，不好意思。”

“说实话，意大利菜有点太过正式，不过大家都很受用，真是太好了。”

这种表述方式会使你对他的印象大为改观。

也就是说，**你生气的原因并不是因为他“事后向你抱**

怨”，而是因为他把这些事说得好像跟他没关系一样。

如果你自己忽视了这一点，那你最终只会说一些诸如“你之前就该告诉我”或者“不要现在才告诉我”之类的离题万里的话。

由此可见，这不是他们什么时候抱怨的问题，而是他们站在哪个立场上的问题。一旦你意识了这件事，就能很容易地将他们打倒。

把对手投出的球快速而坚决地扔回去

对于喜欢事后抱怨的人，最合适的回应是：“好吧，那你来。”

“商品这样摆放不好看啊！你这样下去可不行。”

“那请告诉我应该如何摆放它们，请给我示范一下。”

“包装设计得好土啊。难怪会输。”

“那我应该怎么做呢？请部长传授一下您的点子。”

“比起意大利菜，日本料理更令我偏爱，吃了不会积食。”

“好吧，下次由你来选餐厅。”

上面的方法可以帮你把对方不负责任投过来的球，快速而坚决地扔回去。**他们会惊讶地发现，隔岸观火的自己被拉下水了。**

接下来，他们会开始逃避责任：“不，那不是我的工作。”“考虑这个问题是你的工作。”

你可以马上回应:“是的,所以我会考虑的(请你闭嘴)。”以此迅速结束对话。

不过,这样回击的难度可能有点高,有时候无法一下子彻底说清楚。

你可以使用**“我们”“咱们”这样的词语来把对方带入对话之中,使之不要成为局外之人。**

“‘我们’的商品摆放不好看啊!那怎么做才好看呢?”

“‘跟部长共同决策并设计’的包装不行吗?抱歉啊。”

“‘你和我’一起商量决定的饭店不合你的口味吗?”

这样一来,主语变成了“我们(we)”,**把想要逃跑的人拉回了我们身边。**这样做,你可以委婉地传递如下信息:“别老抱怨,你也考虑一下该怎么做。”

那些满嘴抱怨的人▶▶▶

实际上 **他觉得事情“与己无关”,自己只是旁观者**

NG **“事后就别抱怨了”之类无休止的争论**

OK **用“我们”“咱们”把他拉下水**

解决!

语言反击技巧 5

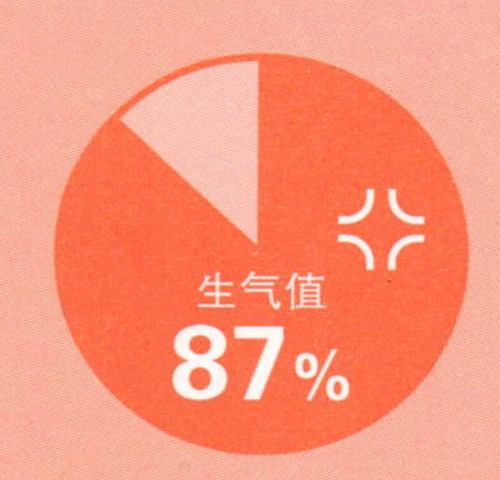

对待职场霸凌的人，秀出令其屈服的权威

“快点行动起来！新人！”

“再多喝点！不能喝酒的人做不了销售。”

“这个周末去打高尔夫，你把时间腾出来。有事？关我什么事！”

职场霸凌，很可怕吧？

当你的老板、前辈或者职位更高的人对你颐指气使时，哪怕只一句话就足以令你不寒而栗。太可怕了！每一天都生活在地狱之中。

更糟糕的是，很难区分这些指令到底是职场霸凌，还是工作指示。因此，**反驳可能是非常困难的**。

大多数时候，最终你只会不情愿地说“好的……”。即便你想尽力以言语表示反抗，最多也就是说说“但是……”“这是我的工作吗”之类的话。

假如你真这样做了，他们会生气，会用更高压的态度加紧催促：“叫你做你就做！”“闭嘴，快喝！”有些人甚至会威胁你：“你真以为这样子还可以留在我们部门吗？”

你为什么不能成功地抵抗呢？

最后，**你是否真的别无选择，却只能因职场霸凌而含泪入睡呢？**

日本是职场霸凌的天堂吗？

职场霸凌者会认为：“上级就应该对下级严厉”。

他们认为，一家公司有上下等级关系，这很正常。上级对下级只是普通的指导，不是好朋友之间的游戏，所以不可能一直对你很耐心。而且他们相信，作为上级，他们有权利和义务采取这种方式。

上述认识的根源就在于日本独特的等级制度意识。

无论是教导“长幼有序”的儒家思想，还是强调“前辈、后辈”的体育俱乐部文化，这个国家一直都有着非常强烈的等级制度意识。因此，他们理所应当地认为自己的这种行为是非常“自然的”。

这意味着使我们处于不利地位的，并非霸凌我们的某个人，而是“日本文化”。

就算你试图反击，也不会被认真对待，他们会告诉你

“世界就是这样”，最后你的抵抗也只是徒劳。

这个情况很严重。有什么方法可以帮你脱离这种困境吗？

有没有什么方法，不必以“我要辞职”这样破釜沉舟的姿态就可以进行完美的回击呢？

职场霸凌者都是畏惧权力的人

职场霸凌其实就是一种基于等级关系的攻击。

如此一来，**对付职场霸凌的唯一办法就是让霸凌者更清楚地认识到等级关系。**具体来说，你必须让他们意识到有比他们地位更高的人，即前辈的前辈，上司的上司，等等。

“快点行动起来！新人！”

“收到。不过经理让我去处理别的事情，我应该优先处理哪个？”

“再多喝点！不能喝酒的人做不了销售。”

“啊！部长在倒酒……我去倒一下。”

“这个周末去打高尔夫，你把时间腾出来。有事？关我什么事！”

“这样啊，那我去和部长商量一下。”

对于那些抱有“下级必须对上级俯首听命”这样简单想法的人来说，只要搬出比他们或她们地位更高的人就行了。这样一来，他们就很难再攻击你了。

同时，我建议你有意识地使用“职场霸凌”这个词。

比如说，“最近职场霸凌好像是个热门话题呢”或者“我听朋友说，他们公司设立了一条职场霸凌投诉热线”之类，平时不露声色地提起“职场霸凌”。

这样可以让他们把这个词与“对下属苛刻”→“职场霸凌成为一个问题”→“上司会发火”→“做得不好会违反法律”联系起来。

由于他们在上级面前还是很懦弱的，因此有可能会改变自己的行为。

对待他们，正常手段是不管用的。反之，他们没办法违抗权力。

总之，“地位更高的人”也好，“法律”也好，只要你秀出让他们必须屈服的东西，就能令他们改变态度。

那些职场霸凌的人▶▶▶

实际上 **他认为对下级苛刻是理所当然的**

NG **“别这样”之类警告是没用的**

OK **用来自更上级的权威闯关成功**

解决!

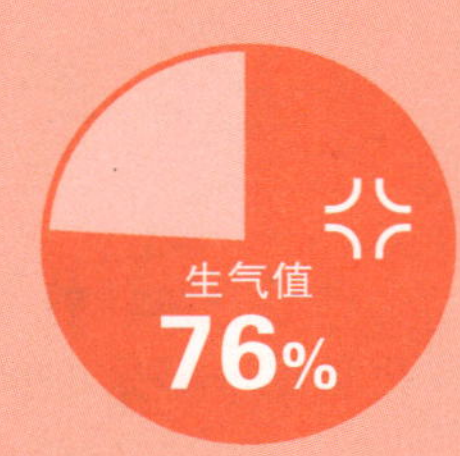

对待性骚扰的人，“鹦鹉学舌”重复他说过的话

“今天有约会吗？妆化得很漂亮嘛。”

“最近胖了吗？希望你再瘦一点。”

“对女孩子不主动是不行的哦。不要成为食草动物。”

为什么性骚扰让人这么生气？

恶心，多管闲事，不想搭理他们。

有些人**在开始性骚扰之前，还会厚颜无耻地采取预防措施说：“这可能会被当作是性骚扰。”或者“不好意思这听起来像是性骚扰。”**

你也许会犹豫到底要不要反击，因为这只是一个话题。

如果你很认真地反驳：“这就是性骚扰！”对方就会耸耸肩，来一句“啊，好可怕”。如果你打断他：“别说啦！”并一笑置之，他们就会做个鬼脸：“我是为你好才这么说的。”无论你怎么努力都无法痛快地回击。

为什么会发生这种事？

该怎样做才能让他们停止对你性骚扰？

他们误认为这里是夜总会或男公关俱乐部

性骚扰的人是欲求不满的人。

他们想泡你、抱你、摸你、看你。他们欲求不满，所以对你进行性骚扰。仅此而已。

他们想要看到这些尴尬话题令你害羞的模样，想通过谈论和性有关的话题来拉近你们之间的距离。这实在让人恶心：不要用这种眼神看我，想看就花钱去夜总会或者男公关俱乐部。

还有些人，**只是单纯地想欺负你。**

尽管他们没有用色眯眯的眼光在瞄着你，只是**想看你遇到麻烦时的表情，或者你扭捏的样子。这也有点性虐待的意思。**

故而某些男性上司会对他们的男下属说“我带你去夜总会”，或者某些女性上司讥讽她们的女下属说“结婚了吗？给你介绍个男朋友吧”。

上面这些情形中，性骚扰者都只是想看到被骚扰对象尴尬的表情，所以任何反驳都是无效的。

无论你是愉快地接受：“是的，好呀！”还是断然拒绝：“请不要这样！”都不会奏效。**除非他们看到你的脸上出现扭捏的、尴尬的或是愤怒的表情，否则他们不会停下来。**真是地狱。

然而，如果你真的认命了，并试图做出一个假笑，那么这一天的剩余时间里你将会一直感到阴郁。

有什么办法可以解决这个问题吗？

有没有一种高明的方法，可以在不知不觉中让对方闭嘴？

脸色坦然地“鹦鹉学舌”

回应性骚扰者的最有效方法是直截了当地重复他们说过的话。

“今天有约会吗？妆化得很漂亮嘛。”

“约会？化妆？我的妆有什么问题吗？”

“不是，那个，呃，我是说……”

“最近胖了吗？希望你再瘦一点。”

“什么？胖了吗？最近？你刚才说‘希望我瘦点’吗？”

“什么？我说过吗……对不起，我多管闲事了。”

“对女孩子不主动是不行的哦。不要成为食草动物。”

“对女孩子？主动？”

“不是，用力过度也不好。嗯，不太好。”

装作好像平生第一次听到这种话，细细品味，把话慢慢重复一遍，将问题再抛还给他。

如此一来，这些无礼的问话又被抛给他们。这种反应就像在说："喂，你这人，这种问题真的应该问吗？"用他们卑劣的品行来对抗他们。

注视着他们的眼睛，像机器人看外星人一样，坚定地重复他们说的话。

万一他们抛出的是你不想重复的话，闭口不言也是可以的。在这种情况下，就注视着对方的眼睛，一直盯着他，仿佛要将他们看穿一样。

无论哪种方式，只要能迷惑倒他们，你就成功了！

那些喜欢性骚扰的人▶▶▶

实际上 **他们只想满足自己的欲求**

NG **就算你说"这是性骚扰"，也无济于事**

OK **准确地重复他们说过的话，让他们退缩**

解决！

| 语言反击技巧 7 |

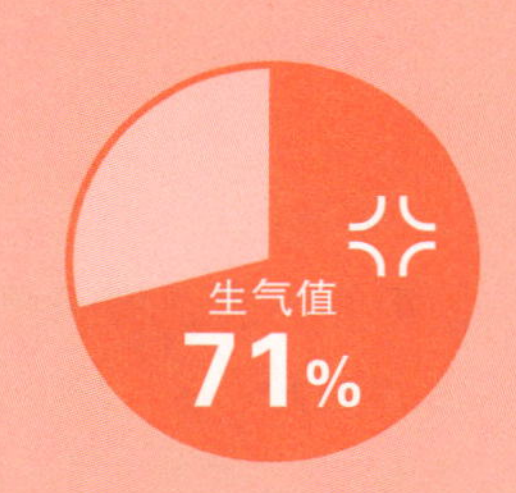

对待苛责时间的人，小跑几步演戏给他看

你只是迟到了几分钟，他们却皱着眉头对你说："现在已经是下午 3 点 2 分了。"

聚会要迟到了，你赶紧打电话告知"先开始吧！"。但等你到达那里，迎接你的却是一张不爽的脸。

你有过这样的经历吗？

有些人对时间非常苛刻，别人稍微迟到一会儿就会恼羞成怒。而你只会感到困惑："啊，就几分钟而已……"

即使你连连道歉说"对不起，我迟到了"，也毫无作用。只要你迟到过一次，就会被贴上"不守时"的标签。

假如你直接说"喝酒时迟到没什么关系"或者"我不是提前告诉你我会迟到了吗"，情况会变得更加糟糕。他们会对外把你描述成“性格很随便的人”，那样对你的伤害会更大。

你本意并不想迟到。然而，对方却总是洋洋得意地大肆宣扬“时间观念”。迟到行为令你感到内疚，所以你无法表现出强硬的态度。这让你感到窒息、痛苦……

聚会的组织者、烦人的上司、讨厌迟到的恋人……

有什么好方法可以对付那些对时间很苛刻的人呢？

对时间苛刻的人对金钱也很吝啬

对时间苛刻的人是很吝啬的。他们拼命节省时间，最恨的就是浪费时间。

俗话说，“时间就是金钱”。事实上，对时间苛刻的人往往对金钱也很吝啬。对一分一秒都斤斤计较的人，常常会对十日元、甚至一日元都精打细算。

这是根深蒂固的价值体系，不会有任何改变。

吝啬的人到死都很吝啬，而慷慨的人总是很慷慨。二者是永远不相容的。遗憾的是，根本不存在“道理讲出来就能被理解”的可能。

你输了，你和他们是两条永不相交的平行线。

你该如何迁就这种与你价值观不同的人呢？

假装很着急就能解决一切问题

如果有人对时间很苛刻，那你就装作很着急的样子。这能解决所有的问题。

具体来说，“小跑几步”会很有效。

如果你约会迟到了，当对方出现在你眼前时，你要夸张地做出一个短跑的样子，演出一种“我很着急”的感觉。

如果这样做，你就会很惊讶——他们居然这么容易就原谅了你。他们甚至会反过来关心地问：“还好吗？很累吧？”

这些人只是“吝啬（对时间苛刻）”，并不是“贫穷（缺少时间）”。所谓“吝啬”，指的是他们“重视金钱和时间”的价值观。

他们不是讨厌迟到，而是讨厌对方因慢悠悠而迟到，造成自己时间浪费的这种态度。

有这样一种说法：“步行迟到 5 分钟和跑步迟到 30 分钟，后者给人的印象更好。”简直是不可思议。

其他**有效的演技包括“喘气”“出汗”“脸红”“一头乱发”**。

上述做法都向对方表明：“我是一个重视时间的人。我觉得迟到是一件非常不好的事情。”

和苛责时间的人交往，没有必要在你不想起床的时候，通过早起给自己施加压力。**与其这样做，不如选择一双方便跑步的鞋子。**

只要戏剧化地装出“我很着急”的样子，对方就会认可你，会高度评价你是一个“认真的人”。真的很划算。

那些苛责时间的人▶▶▶

实际上 **他们讨厌浪费时间和金钱**

NG **就算是道歉，他们也不会宽恕你**

OK **只要你小跑几步，他们就会原谅你**

如果约会迟到，就小跑几步装
作很着急的样子

第二章

对“自私又任性的人”反驳

| 语言反击技巧 8 |

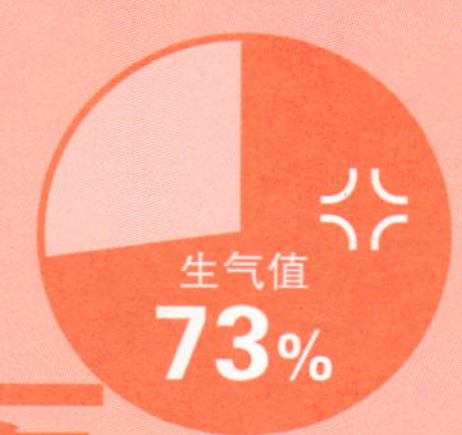

对待说话反复无常的人，要坚持事后征得他的同意

比如，接受工作指示的时候。

你的上司告诉你："你跟 A 公司合作吧。"过一会儿又变卦："还是跟 B 公司合作吧。"结果第二天他居然说："这件事当我没说过啊。"

再比如，制订旅行计划的时候。

一个朋友说："我想去夏威夷。"过一会儿他又说："我想去欧洲。"

第二天他却说："要不还是去非洲吧。"

这种说话反复无常的人很让人生气。如果他们说的话只是前后稍微有点出入倒也罢了，问题是他们经常会说一些意思完全相悖的话。

你这边已经表示"明白了"并把话题继续下去，但是没过几天他们又把事情完全推翻。你会觉得压力很大："这人到底怎么回事啊！"

为此，你会保存好会议记录或是做好笔记，并摆在他们面前："这是你说的对吧？""那我继续往下做了哦！"然而对方却表现出一副失忆的样子。

"啊？我说过吗？""呀！算了吧，要不还是按照原来的方案做吧。"说不定他们还会再次改变方案。过了许久，事情都没有进展，这让你觉得很困扰。

所以，**记录下来对方所说的话作为证据，显然是没有用的。结果反而可能适得其反。这正是他们说话总是反复无常的原因。**

你做了你认为有用的事，但结果却完全事与愿违。

这到底是因为什么？怎么做才是正确的呢？

为什么他们不记得自己说过的话？

说话反复无常的人是不会记得他们说过什么的。因为他们说的都是一时兴起的话，完全是凭感觉说的话。

他们既不记得自己说过什么，也不积累。可以这样讲：他们是在自己的世界里自言自语。

因此，他们说话的内容一个接一个地变化，而周围的人根本无法跟上他们的节奏。

说话反复无常的人会经常说"我已经把事情理顺了"，或者"我是边说边总结"这类的话。

他们这样的说话方式能行得通么？作为成年人，他们能胜任自己的工作么？

答案是：能。因为**他们周围有像你这样认真、仔细的人。你会把他们随口说的事情记录下来，把他们凭感觉说的话认真地写在会议记录里，做好总结。所以他们没必要记住自己所说过的话。**需要的时候，他来找你核实就可以了。

所以他们的记忆力越来越差，也失去了记住的欲望。

怎么样，这就是个恶性循环，不是吗？

那么，我们该如何才能打破这种怪圈呢？

为什么事后征得同意是可行的

对于那些不记得，或者不试图去记忆的人，一个很有效的策略就是“事后征得他的同意”。

如果你不停地跟他们确认，看上去会有点奇怪。所以无论对方说什么，你先让他继续说下去。**当你觉得已经到了没法回头的时候，跟他确认一下：“这就可以了，是吧？”**

即使日后对方询问起来：事情怎么会变成这样，你也可以轻松地装傻。

“啊？为什么要和 A 公司合作？”

“我就是按照部长您的指示做的呀。明天就是企划发布会了，我会加油的！”

“咦？我们不是说去非洲吗？”

“最后你说去夏威夷更好哦。给，这是飞夏威夷的机票。”

在很多情况下，**他们并不记得自己说过的话，所以他们会非常自然地接受你的答复：“哦，我这样讲过啊。”**

事实上，他们已经对这个话题失去了兴趣。

他们可能会开始谈论其他话题，比如，“我对这个案子更感兴趣”或者“我在旅行中一定要吃意式冰淇淋的”之类的话题。

然后，再适当地附和对方说：“哦，是的。”“确实，没错。”

对于那些说话反反复复的人，不记得自己说过什么话的人，**建议不要把他们带入“你说过了·没说过”这样的对话中，**而是自己推进事宜，事后再征得他们的同意！

那些说话反复无常的人▶▶▶

实际上 **他们并不记得自己说了什么**

NG **因为你做了笔记，他们就更不愿意去记了**

OK **对他们说的话就听一半，事后再征得他们的同意**

语言反击技巧 9

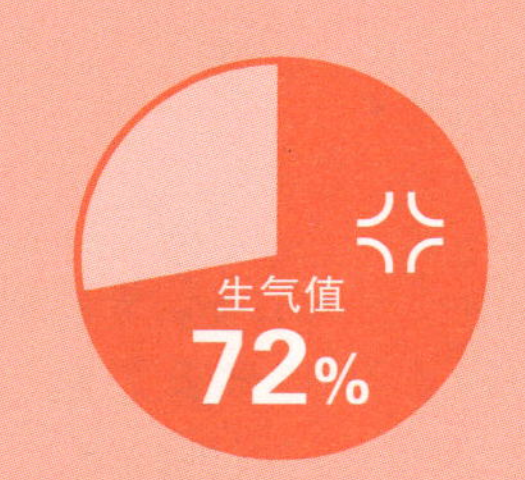

对待说话模棱两可的人，用“我没听懂”来拒绝

“我一直在工作，不知不觉就来不及了。真是一眨眼的工夫。有时候就是会这样的，对吧。”

“我认为 C 海报比较好。理由嘛……嗯，感觉上比较好。那我们就按这个方案做吧。”

有些人说话模棱两可，也不做正面解释。

他们不把自己的想法和感受用语言清晰地表达出来，说的话模糊又随便，跟着感觉走。他们本人都不知道自己在说什么。

你会觉得：“成年人应该把话好好讲清楚！”

所以你强压住自己烦躁的情绪，试着温柔地问他们：“你是说日程安排得不够好吗？”“是因为颜色太鲜艳吗？”他们却回答：“我不知道。”“嗯……”事情得不到一点儿解决，你很苦恼。

然而你一定要小心。就是**因为你很耐心地体恤他们，他们反而更加不乐意把话讲明。**

这是为什么呢？

他们希望你能像对待婴儿一样地理解他们

你认为他们只是“词穷”或“不善言辞”，所以你想要伸手去引导他们一下，对吗？

你错了。事实上他们并不是“无法讲清楚”，只是“不想讲清楚”。他们可以解释清楚，但他们不愿意。

说得更具体一点，“他们希望被理解”。

比如一个小孩子，他的妈妈会问他：“怎么？你今天想吃汉堡吗？”就算他一句话也不说只是点头或者摇头，意思就被理解了。

那些说话模棱两可的人就是在这样的环境下长大的。换句话说，他们骨子里很享受这种被动呵护。

“既然别人可以很好地理解我的感受，那我就不需要费劲地去表达自己了。”这就是他们的心里话。

所以当你不断地询问：“是这个意思吗？”“不是吗？是那个意思吗？”你越是不断地追问，他们越是不断回答：“不是的。”“不是这样的。”就像一个靠坐在宝宝座椅上的大块头婴儿，或是一个在男朋友面前任性撒娇的女人。

最后他们还会再补充一句："这是一种感觉。""我也很难说清楚。"**弄得好像是因为你不够努力才造成这样的局面。**

耐心地询问只会让他们越来越得寸进尺，而你会越来越沮丧。

到底应该怎样对付这种人呢？

假如你直接驳他："我又不是你妈。"或者"也只有你男朋友才受得了你。"你的感觉可能会好一点。但是这样直接的反驳确实也难以做到，对吗？

一句话就能让他们瞬间负起责任

对于那些讲话模棱两可、不知道自己在说什么的人，只要直截了当地拒绝说"我没听懂"就可以了。

"你看，有时候就是会这样，对吧。"

"不，我没听懂你在说什么。"

"嗯，感觉上比较好。那我们就按这个方案做吧。"

"抱歉，我还是不太明白。你能再解释一下吗？"

既不是怒火中烧地对他们吼"你给我好好说清楚"，也不是循循善诱地询问"你是这个意思或者那个意思么？"**而是非常淡然地重复"我没听懂""我不明白"。**

通过这种方式，你是在向他明确自己的态度："我不想努力迎合你，努力理解你。解释清楚是你的责任。”

这样一来，对方终于恍然大悟：“咦？是我必须努力解释清楚啊。”他们会意识到应该正确对待自己的责任。

面对“请您理解我”这样无言的压力，生气地让他“好好解释”当然很简单，但一句“我没听懂”则更为明智。请一定要试一试。

那些说话模棱两可的人▶▶▶

实际上 **他是一个被宠坏的小孩，希望你主动理解他**

NG **如果你主动去理睬他，他就会变得越来越被动**

OK **一句“我没听懂”就足以表示拒绝**

解决！

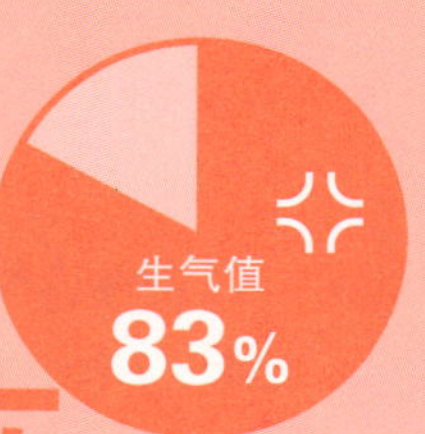

语言反击技巧 10

对待没心没肺的人，拿出一个“难以深入的话题”

“你为什么不结婚？要求太高了吧？”

“怎么还不生孩子呀？生孩子要趁早哦。”

“我听说你已经离婚了。为什么？发生了什么事？”

有些人没心没肺地刺探你的隐私，让人很生气吧？他们就这样毫无顾忌地谈论别人的敏感话题。

这种人，你跟他们说什么都无济于事。

“不，我没有要求很高。（否认）”

“那为什么没人约你？”

“好了好了，别问了。（糊弄过去）”

“你这样可不好。”

“不！这是我的隐私。（拒绝）”

“你也太冷淡了。跟我说说嘛。”

"……（无声地愤怒）"

"哎呀！别生气了，我也是为了你好。"

无论你说什么，他们都会无休无止，像极了电影里拥有不死之身的怪物。

到底为什么会这样？

你该怎么做才能扭转局面，让他们离你的隐私远远地呢？

他们自认为拥有"知情权"

没心没肺的人往往被认为是"思维迟钝"，但事实并非如此。

他们明明知道这样追问别人的隐私是不对的，但还是会涉足你的敏感地带。**他们有意而为之，目的性很强，明知故犯。**

他们为什么要这样做？因为他们确实"想知道"。

甚至是想得不得了。他们无法控制自己不去八卦、不去谈论别人的闲话，就像个不停吃垃圾食品的孩子一样缺乏自控力。

奇怪的是，**他们理所当然地认为自己拥有"知情权"。**咄咄逼人、锲而不舍地追问，仿佛这就是他们理应的权利。他们仿佛是一群挥舞着"言论自由"大旗的八卦记者，无视你的痛苦感受，一门心思地对你进行紧紧逼问。

你真的已经烦死了，有什么好办法可以摆脱这些紧紧追问你的鬣狗呢？

该怎么做才能让这些人尽早远离你？

宗教、家庭和金钱是三个最敏感的话题

为了让这些没心没肺的人闭嘴，我们只能提出一些对他们来说难以深入的话题，除此之外别无选择。

“你为什么不结婚？要求太高了吧？”

“我的家庭情况很复杂……”

“怎么还不生孩子呀？生孩子要趁早哦。”

“因为宗教上的原因……”

“我听说你已经离婚了。为什么？发生了什么事？”

“有一点金钱上的纠纷……”

上面这些问答是不需要详细说明的，骗他们也没问题。你只需要低着头轻声细语，像一个受害者，一个悲剧中的英雄。

此时对方会开始警惕：“如果继续聊下去，自己会被卷入一个不怎么好的话题里。”他们就会退缩。

如果他们仍然不却步，继续向你进攻，这时你可以把脸转过去：“不，真的，我已经……”“啊……为什么是我……”如果你的演技还可以，眼睛里含着泪水处理的效果会更佳。

你这样放出一些烟幕弹，一段时间内可能会流言四起，没办法，这些人真的很八卦。

然而，就算是被人远远地指指点点“那个人不行”，也总比让人四处打听你要好。最好和他们撇清关系。

对待这种没心没肺的人，提起一个会令他们皱眉头的话题，然后请他们离开！

那些没心没肺的人▶▶▶

实际上 **他们这样做是出于“想知道”**

NG **用“隐私”当借口是很难拒绝他们的**

OK **提出敏感的话题来摆脱他们**

解决！

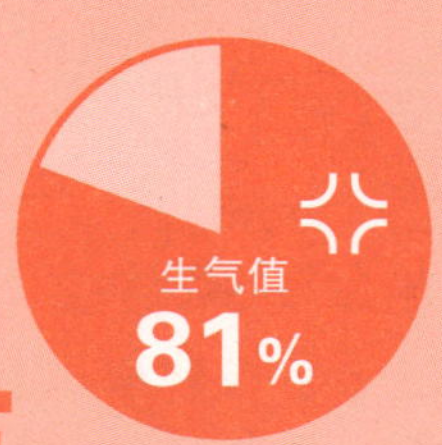

| 语言反击技巧 11 |

对待习惯迟到的人，用“不等了”的作战策略让他焦虑

“我刚睡醒，会晚到十到十五分钟。”

“我好像不能按时到了，你们先开始吧。”

这个世界上有两种人：迟到的人和从不迟到的人。

有些人总是迟到，不是吗？

迟到的人总是迟到，无论是聚会、工作会议还是与朋友旅行，他们总是无法准时出现。

作为一个时间观念较强的人，你会感到很恼火。他们浪费了你的时间，令你十分沮丧。

提醒这种人“要守时”是没有意义的，当然也有一种老套的手段，就是把集合时间提前 30 分钟，但是他们很快就会习惯你的这种套路。

你越是提醒他们、叮嘱他们，他们就越不可能准时出现。即使你退让一步问他："你会晚到多长时间？" 他们也一定会比你期望的晚得更久。

事实上，这种态度反而对应了一个事与愿违的结果。

你越是这样做，他们越是迟到。**培养迟到大王的人，恰恰是你自己。**

究竟为什么会发生这种事？

你被当作傻瓜了

习惯性迟到的人，一言以蔽之，就是看不起你。他们并不在乎和你的约定。

对于非常重要的场合这种人是不会迟到的。比如应聘面试、考试或者求婚。

他们认为与你的约定并不那么重要，故而三心二意，觉得"哦，没事"，自然会迟到。

证据显示，这样的人迟到后一点儿也不会内疚。他们从来不会脸色苍白地对你说"真的非常抱歉"，对吗？

这种人总是会有各种各样的借口，比如"前面有一个碰头会被推迟了"或者"准备来的时候碰到一堆事"等等。他们高高在上地认为："反正最后你总会等我。"

因此，持续不停地联系他们，或是发消息提醒他们是完全行不通的。他们会更加飘飘然："我就知道你想让我来。"

换句话说，**爱迟到不是一种习惯，而是两个人交往过**

程中产生的一种结果。除非你们之间的不对等关系改变，否则他们也不会改变。

光说不练是没有用的。你说得越多，他们就越得寸进尺。

那你应该怎么做呢？

如果你等他，那你就输了——在等待之前做决定吧

事实上，这场等与不等拉锯战的胜负，在对方出现之后，你做什么都没意义了。

你必须直截了当地下定决心“不等了”。

如果他没来你们约定的地点，请立即离开。

“（电话响起时）嗯？我们约好的今天见面，不是吗？”

“是的，但你今天没来，所以就算了。”

如果他还没到会议现场，不要犹豫，马上开始。

“（走进房间）咦？你们已经开始了吗？”

“嗯。如果你有不明白的地方，请等一下再问我。好，现在进入下一个议题。”

不理他，抛弃他，你只管先开始。只有这样，你才能与他们处于平等的地位。

如果他们没有出现在集合地点，就让他们自己去目的地。如果他们吃饭迟到，尽管去收取他们和其他人一样的费用。

如果你反复这样做，**就会向对方传递一个信息：“少看不起人！”“你不来我也无所谓。”**

这种反应要比“嘿，别再迟到了哦”之类的抱怨有效 100 倍。

可能某些情况下，对方是个大人物，或者是你必须等待的人。即便如此，你也可以做出一两次“我不等你了”的坚决姿态。

除非他们改变与你交往的态度和方式，否则他们迟到的毛病永远不会治好！

那些习惯迟到的人▶▶▶

实际上 **这不是一种习惯，只是他们看不起你而已**

NG **你越是提醒他们，他们就越是得寸进尺**

OK **只能采取“我不等了”的强硬态度**

解决！

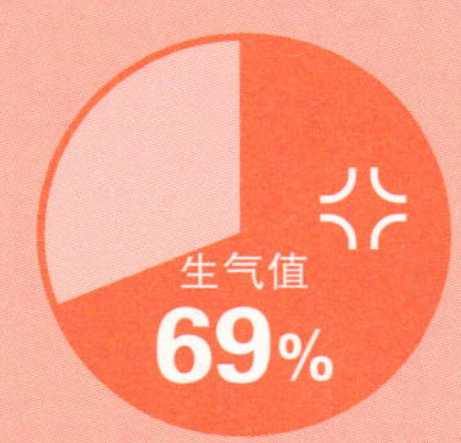

语言反击技巧 12

对待不知道在想什么的人，提出一个“简单的要求”

“你能按时交货吗？”

“呃……”

“你在担心什么事吗？如果担心什么就说出来。”

“其实也没有……”

“你是看不起我家里人吗？说话怎么这么过分？”

“我没有……”

有些人对我们说的任何话都没什么反应。

半天吐不出半个字，也不知道他们是否听到了你说的话。看不到他们的干劲，看不出他们的诚意，和他们谈话让人沮丧极了。

最后你不得不追问他们：“嘿，你明白我的意思吗？”“你听到了吗？”而他们仍然只是不得要领地回答：

“不，好吧……”“嗯，是吧。”

于是你终于爆发了：“给我爽快点！”“告诉我你在想什么！”即便如此他们甚至连表情都没有任何变化。

如果他们给你一个这样或那样的回应，你都可以进行反驳。但如果他们沉默不语，没有任何反应，那你就不知该如何是好了。你输了这一局。

对于这样的人，你该说什么才好呢？

对那些沉默寡言不善交流的人，你该说些什么呢？

有情绪，只是不表达

沉默寡言，或反应寡淡的人，都不善于表达自己的感受。

他们是有情绪的，绝非没有一点儿思想活动。他们有想法，却不善于表达。因为太麻烦，他们不愿意去努力表达。

无论说话、书写、交流，都需要消耗他们大量的精力，他们感到痛苦和疲惫。

打个比方，他们仿佛是一台装有劣质扬声器的电脑。

即使电脑本身性能高，音质却很差。正如同他们一样，讲话不清楚，反应迟钝。

每个人各有长处和短处。

这些人只是不擅长侃侃而谈或是精神饱满地交流。他们并非恶意的，也不意味着他们是废柴。

假如是小朋友，这样的反应可以解理。但就成年人而言，这样的反应是个问题。就算你问他："喂，你到底明白了没有？"或是大声训斥他："好好回答我。"情况都不会有任何改善。

如此看来，你感到沮丧也很正常，毕竟与一个无法正常交流的人在一起是很有压力的。

你必须把所有的时间都花在受挫上吗？

像订货单一样简单地传达你的需求

如果你与他们之间的交谈中遇到困难，"简单明了地说清楚你的要求"是很有效的。

"你能按时交货吗？"

"呃……"

"下周三报给我。"

"你在担心什么事吗？如果担心什么就说出来。"

"其实也没有……"

"假如你有事务上的问题就去咨询 ×××，如果你需要工作上的建议就去请教 ×××，尽快。"

"你是看不起我家里人吗？说话怎么这么过分？"

"我没有……"

"讲好了，以后不能再说了。如果再这样讲话，我们就分手。"

听上去有点片面也不要紧，只要像订货单那样，告诉他们“你想让他们做什么”，就行了。

从这些人的角度来看，如果你用简单的、略带冷漠的方式说话，他们反而更好理解。他们会出乎意料地听话，去做你告诉他们的事情，并且做得很好。

对那些反应迟钝的人客气地讲话是没有用的。最好的办法就是清楚地、干脆地、单刀直入地说话，这样你就不会有压力，实际上对他们也很有帮助！

那些不知道在想什么的人▶▶▶

实际上 **他们只是不善于表达自己**

NG **现在告诉他们“要学会表达”已经晚了**

OK **只要简单地提要求，他们就会去做**

解决!

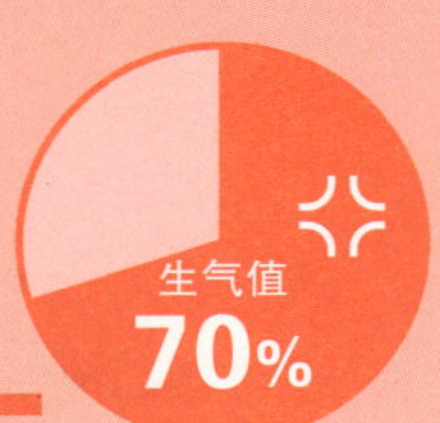

| 语言反击技巧 13 |

对待说自己“没有恶意”的人，用“你是善意的哦”进行回击

“哦，能用优惠券啊？你这人怎么这么小气啊。”

“……（怒）”

“哦，对不起，我没有恶意。”

“你就这么把事情原原本本全告诉对方了吗？真是老实到有点蠢。”

“……（怒）”

“哎呀，我无意冒犯。诚实是好事，但是……”

这些人说了伤害你的话，却只用一句“我没有恶意”轻巧带过。

他们既然已经说了“我没有恶意”，你就没办法对他们生气。假如你生气了，会显得心胸很狭窄。对方的一句

“没有恶意”，真的是漂亮又管用。

没办法，你只能勉强回复：“没恶意就好。”或者“你说得太过了，有点过分。”但你心里还是觉得很恼火。

然而对方却若无其事地傻笑一下就完了，好像你的这句话说完你们刚好扯平了一样。他们并不关心你是否受到了伤害，这才是你忍不住要生气的根本原因。

一句“没有恶意”，令我们心烦意乱。

有没有什么办法可以反击呢？难道除了忍受，就没有别的办法了吗？

没有恶意，但也没有善意

用“没有恶意”来息事宁人的人，缺乏同理心。

没有经过思考恶言恶语便脱口而出，之后又马上用“没有恶意”的敷衍来补救。

即使他们真的没有恶意，那也绝非善意。关心别人的品质以及友善的心地，他们通通都没有。

一个成熟而善良的成年人在说话之前会三思而后行。

如果伤害到了别人，首先应该道歉：“对不起，是我太过分了。”而不是拼命找借口。所以你才会这么生气。

顺便说一句，其他类似于“没有恶意”的狡猾诡辩包括：

对别人施以严重暴力之后表示：“我当时喝醉了，不记得了。”

说了一些过分的话然后表示：“我只是在开玩笑而已，别生气。”

狠话脱口而出紧接着却说：“口误罢了。”

还有其他一些类似的例子。

无论哪种情况，都不难看出他们这种不把你当回事的心理：“只要我这样说了，你就不太可能生气。你别无选择，只能原谅我。”

这种心理和做法都是很卑鄙的。你被逼入了绝境。

他们拥有了一个战无不胜的法宝。你到底该怎么做，才能一刀击中其要害呢？

传家宝刀：“你是善意的哦”

如果对方卑鄙地挥舞着这个无敌法宝，那你也要扬起你的传家宝刀：“你是善意的哦”。

“哦，对不起，我没有恶意。”

“你不知道可以用优惠券么？你怎么还是这么反应迟钝啊。哦，你这是善意的迟钝。”

“哎呀，我无意冒犯。诚实是好事，但是……”

“我可没法像前辈你那么坏心眼。啊，你可是善意的坏心眼哦。”

如果你用“你是善意的哦”这类语句来回应他们，无

论你说得多么过分，都可以将他们应付过去。

这样做当然会令他们不快，但是你必须这么做，否则他们是不会知道自己说过的伤害你的话有多么过分。

把“你是善意的哦”盖到“没有恶意”之上。

不要犹豫，坚定地反击吧！

那些说自己“没有恶意”的人▶▶▶

实际上 **他们认为只要这样说，就会被原谅**

NG **在这句战无不胜的法宝前很难发怒**

OK **配以“你是善意的哦”来加倍奉还**

解决！

语言反击技巧 14

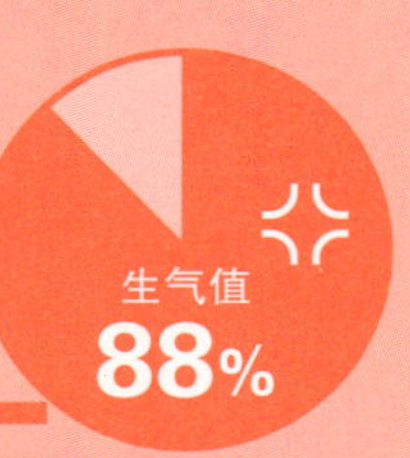

对待厚着脸皮请求你的人，小题大做地吓他们一跳

“这个工作已经超期了，你能帮帮我吗？”

“我有点急。可以让我先来吗？”

“不好意思，细节部分还不完善，今天能帮我做完吗？”

有些人脸皮很厚。

他们不遵守规则，试图获得特殊待遇，动不动就请求你的帮忙。尽管他们没让你违反规定，也没向你提出一个不可能做到的请求，然而他们就是厚着脸皮来请求你，让你难以拒绝。

假如你为难地苦笑：“这……”他们马上请求地跟进一句“拜托你了”来获得他们想要的结果。

假如你告诉他“不行”，他们又会坚持说：“你就帮帮忙吧。”他们甚至会倒打一耙：“就这么一点点事而已。”

这种人到底是怎么回事？

到底该怎样反击才能让他们改变态度，让他们放弃呢？

表面上是“好人”，品行却不端庄

这种厚脸皮的人，其实是“对自己要求不严格”的人。

他们认为世界都围着他们转，认为他们可以改变规则来满足自己。并且他们真的就是以这种方式来生活。

这种人很善于对别人撒娇。

他们表现得非常友好，也很少树敌。如果他们表现得十分刻薄或极度自私，周围人可能会不给他们好脸色。但事实上，他们表面上十分和气，朋友也不少。

因此，当他们要求你为他们做一些事时，你很难拒绝。

如果你强势地拒绝，周围的人就会把你当成恶人：“就这么点小事，帮帮他呗。”可事实上他才是那个耍赖的人！

真是太让人为难了。

就算你勉为其难地接受了他们的请求，你也很想反驳他，痛快一下。

有什么好方法可以帮你达成所愿吗？

用“啊？”“什么？”“嗯？”将他们拒之门外

与这种厚脸皮的人打交道时，不要犹豫，马上表示惊讶：“啊？”

不是真的惊讶也没关系，装作开玩笑的样子也可以。但至少要有一次表现出这种强势的态度，就好像你在发脾气一样，看看事情会如何进展。

“这个工作已经超期了，你能帮帮我吗？”

“什么？！”

“啊，不行啊。不好意思，不行也没事。”

“我有点着急。可以让我先来吗？”

“啊？！”

“……（不情愿地退出）”

“不好意思，细节部分还不完善，今天能帮我做完吗？”

“嗯？”

“啊？”

“什么？！”

“啊，不好意思。可以了可以了，抱歉抱歉。”

对方因为不习惯这样强势的反应，在那一瞬间，会感到疑惑，会被吓一跳：“咦？明明以前都很顺利的。”

事实上，他们也会感到有点内疚，有点害怕：“让对方帮我做这些事，他会不会不同意啊。”所以他们才会用撒娇的口吻来请求。假如没有负罪感，他们会更加光明正大、肆无忌惮地要求你。

所以，只要你用“啊？”“什么？”“为什么？”“你是认真的吗？”这种惊讶的口气，就有可能使他们感到害怕，进而放弃他们的要求。

与其说“别这样”或“请遵守规定”，不如用“啊？”“什么？”纯粹吓他们一跳。这种方法对你来说更易操作，也更简单、更有效。

强势拒绝、直言不讳很麻烦，也不够圆滑。

相反，吓他们一跳，让他们顺其自然地退缩吧！

那些厚脸皮请求你的人▶▶▶

实际上 **认为只要撒娇请求你，就能达到目的**

NG **如果你表现得太强势，会不够圆滑**

OK **用“什么？”来吓他们一跳，让他们退缩**

解决！

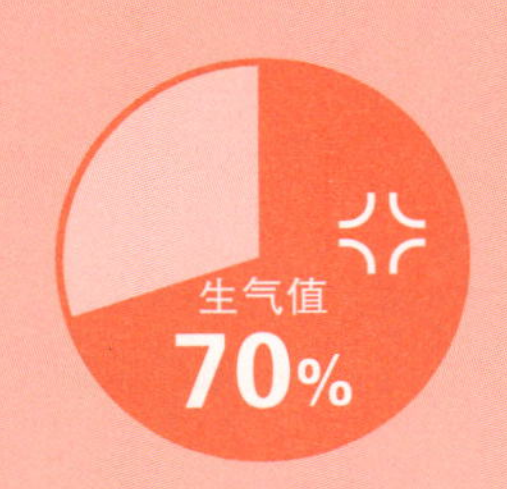

| 语言反击技巧 15 |

对待只喜欢聊圈内话题的人，用“不停地提问”打断他的话

在你的面前，A 先生和 B 先生正在愉快地交谈。话题是关于你不熟悉的公司、不熟悉的人。

A：“跟你说呀，就是你之前负责的那家 ×× 公司的那个谁……”

B：“什么？难道说又是那位……”

A：“是的呀！就是那个 ×× 部长！”

B：“真的假的！”

你：“……”

有些人，就喜欢聊他们圈内的话题。他们不在乎你是否在旁边注视着他们，他们只是继续聊自己的，最后一起哈哈大笑，结束谈话。

这种情况下，你只能微笑，耐心地等待他们结束谈话。

你不去打断他们谈话，认为自己就应该这样小心翼翼地“察言观色”。

大错特错。**你越是微笑，他们就越会无视你的存在而继续深入他们之间的对话。**

那么，该如何应对那些在你面前进行的圈内话题呢？

你怎么做才能让这些人保持沉默呢？

那些用“排挤”来增加“友情”的人

喜欢圈内话题的人，实质上是想“把你排挤出群体之外”。

圈子内部的聊天可以增强群体内成员之间的联系。当有外人，即不属于这个群体的人在旁边时，他们会更加兴奋。

“我们是唯一听得懂的人。”“他根本就不明白。看，他在纳闷。”这种把对方排挤出去的感觉是圈内聊天的真正目的所在。

喜欢聊圈内话题的人，往往会强烈地拒绝不属于他们圈子的人。

换句话说，这些人不自觉地想把你排挤到他们的圈子之外。

因此，**你越是讨好地微笑，越是小心翼翼地不涉足他们的谈话，他们就越高兴。**他们一边看着你脸上的怅然若失，一边在心里窃笑：“你是外人，我们才是好朋友！”

太糟糕了，不是吗？

你很想起身离开，但有些场合是没办法马上离开的。

你能做些什么，来让他们停止彼此之间的交谈呢？

不要察言观色，把他们之间的对话“切成碎片”

让这些喜欢聊圈内话题的人停下的最好方法，就是“不停地提问”。

A：“跟你说呀，就是你之前负责的那家 ×× 公司的那个谁……”

B：“什么？难道说又是那位……”

你：“你们说的 ×× 公司，就是那家开发了 ×× 系列的公司吗？”

A：“……”

B：“嗯……”

A：“跟你说呀，那个 ×× 部长……”

你：“×× 部长是哪位呀？我认识吗？”

A：“……”

B：“……”

你把他们的对话给“切碎”了。

这样做，他们就没法享受他们的圈内话题，只能草草结束。

如果他们没有恶意，他们就会好好地回答你。

“抱歉，是你不认识的人。××公司就是……”如果他们照这样什么都解释给你听，你就也可以和他们一起享受原本属于他们之间的谈话。

从话题里挑出你听不懂的地方直接提问。

正是这种十分正常又理所当然的行为，能有效地瓦解他们的“阴谋”。

当你条件反射般地想要讨好微笑时，请尝试一下这个方法吧！

那些只喜欢聊圈内话题的人▶▶▶

实际上 **他们想排挤你**

NG **你“讨好的微笑”只会让他们得意忘形**

OK **假装你不会察言观色，不停地向他们提问**

解决！

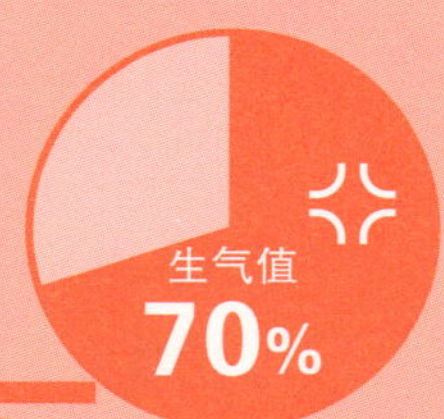

对待优柔寡断的人，用“这样更划算”来说服他

“请在计划 A 和计划 B 之间做出决定。”

“嗯，我决定不下来。部长是怎么说的？市场部的意见怎么样呢？还有咨询公司的意见如何呢？”

“你们决定好买哪个了吗？”

“买哪个呢？我想吃冰淇淋水果冻，但我又不想放弃蛋糕。好纠结啊……你觉得哪个比较好呢？”

有些人总是犹豫不决、优柔寡断，永远无法做出决定。你很恼火：“赶紧做决定啊。”

即使你给他们建议“这样做如何？”，他们也根本听不进去。他们会很固执：“不，不好。我再考虑一下。”既然如此，就不要向你征求意见了啊，于是你又会烦躁。

假如你试图强迫他们做出决定：“我们就选这个吧！”

他们又会皱起眉头："等一下啊！"

结果，他们百般挑剔、一肚子烦恼，你却不得不陪在旁边。

这真的很烦。为什么会变成这样？

当他们问你"你认为哪个更好"时，正确答案究竟是什么呢？

优柔寡断的人是贪婪的

优柔寡断的人是贪婪的。

他们做选择时，心里有一种强烈的愿望，即希望绝对成功，不想失败，也不想后悔。

因此，无论最后期限是否已过，或者是否会给他人带来不便，他们都会瞻前顾后地思索所有的可能性。

当然，我们不可能考虑到所有的可能性。在你开始行动之前，总有一些事情是你不知道的。

然而他们却想得太多，这导致了他们无法做出选择，也无法行动起来。

他们既缺少"总会有办法的"的随机应变，也没有"我不会后悔自己选择的道路"的果断勇敢。

他们就是这样的人，无论从周围人那里得到多少建议，他们都很顽固。

征求了那么多意见，却一句也不采纳，试图自己做决

定吧，却又什么决定也做不了！

最后，他们还会来一句："你确定这样能行吗？你要负责的哦。"

你想随便他们怎么决定吧，只要尽快结束就好，于是无可奈何地建议他们："好吧。两个都要吧！"或者"两个没什么区别。"他们却又变得很坚定："不，我要选最好的。"这令人再次陷入困窘，更加烦恼，简直没完没了。

那么，对付这种人，说什么都没用吗？

有没有什么比较好的建议和方法，可以催促他们快些做出决定呢？

"性价比"是最好的劝说语

如果想给优柔寡断的人提建议，用"这样更划算"来表达比较合适。

"嗯，我无法做决定。"

"B 计划性价比更高。另外，我觉得部长也会喜欢。"

"那我们就选这个吧！"

"买哪个呢？"

"大众点评上推荐了冰淇淋水果冻，不试试就亏了。"

"是哦！就买这个！"

他们或她们不善于计算清晰可辨的得失。其实选择哪个都可以，但如果你给他们一个“更划算”的理由，他们会出乎意料地快速做出决定。

优柔寡断的人，都是多虑和贪婪的。

假如你能给他们提供任何看起来有说服力的理由，那将减少大家的等待时间，同时你的挫折感也会瞬间化为乌有！

那些优柔寡断的人▶▶▶

实际上 **贪婪地坚持“绝不可以失败”**

NG **就算你建议他们“选这个如何？”，他们都不会接纳你的建议**

OK **用“这样更划算”来说服他们**

解决！

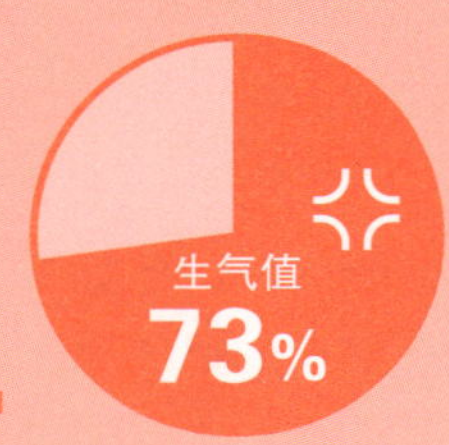

对待忽然哭出来的人，装作“什么都没发生”继续推进话题

“他们为什么要这样啊？”

“是啊……（突然流泪）”

“我曾对你寄予厚望，现在我很失望。”

“……（沉默）”

如果你们正在聊得好好的，对方却突然哭了出来，你是不是会吓一跳？即使对方不哭，他们也可能冷不防沉默下来，不再说话。气氛骤然恶化，谈话停顿了下来。

面临这种情况，你可能会着急地问：“你还好吗？”他们会说：“我很好。”但哭声却并没有停止。“怎么了？”你继续追问。他们也只是摇摇头，紧张气氛似乎没有任何好转。

相反，**如果你让他们一个人待着，他们就会一直情绪**

低落，谈话会始终保持在中断的状态。假如你训斥他们：“别哭了！”他们会变得更加沮丧。

就你而言，你会很在意周围人的目光，又实在不知该如何是好。

如果我们面前的人突然哭了出来，我们应该怎么做呢？

怎么表达才是正确的呢？

他或她并不知道自己为什么哭

一个突然哭出来的人常常是头脑混乱的。

悲伤、窝囊、羞耻……这些如潮涌至的感觉令他们突然处于哭泣的状态。

他们并没有一个明确的原因，比如：“我哭是因为我很悲伤。如果这个问题解决了，我就不哭了。”

除此以外，他们对自己在别人面前哭泣这件事感到羞耻：“我都是个成年人了，还在别人面前哭。”羞愧和沮丧之心令他们禁不住又流出泪来。

所以即使你问他们：“怎么了？别哭啦！”他们也无法好好地回答你。

然而，如果你保持沉默，随他们去，他们又会更加焦虑：“糟了，是不是都是因为我，所以聊不下去了。”然后越哭越厉害。

这就解释了为什么无论我们是否和他们搭话，他们的情绪似乎永远都不会平复下来。

面对这种情形实在是太难了，你无计可施。

如果有人在你面前哭泣，你该怎么做？有什么方法是可行的呢？

泪水就像汗水，不用太在意

哭泣的人最希望你做的，其实是“表现得像什么都没发生过一样”。

“是啊……（突然流泪）”

“之前不是告诉过你，总之，今天要交报告哦。拜托啦。”

“……（沉默）”

“下午 2 点前要开会，你预约好场地了吗？还有，就是之前的那个案子……”

这些做法与一言不发地让他们独处不同，你保持沉默实质上是你选择了谨言慎行，然而对方并不希望你这样小心翼翼地对待他们。

你就装作什么也没发生的样子，说一些诸如“我跟你说呀……”“话说……”之类的话，这样子非常自然地推进话题。

你这样做了之后，对方的眼泪会慢慢收回去，你也可以顺利地继续和他们进行聊天，真可谓一石二鸟！

有句老话："眼泪是心头的汗水。"

你无法让正在出汗的人"别出汗了"。你会想："他们正在出汗。"然后照常继续进行对话。

遇到流泪、遇到沉默，也应如此。

不要试图解读太多，你只需淡然地继续聊天，这对你们双方都有好处。

那些突然哭出来的人▶▶▶

实际上 **哭与出汗是一样的**

NG **表示关怀，或让他们独处都不是好主意**

OK **装作什么都没发生，他们会很感激你的**

解决！

对待优柔寡断的人，要向他们强调“这样更划算”

第三章

对“傲慢嚣张的人”反驳

| 语言反击技巧 18 |

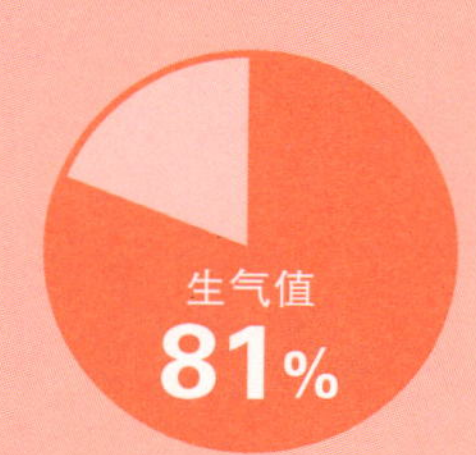

对待总是指出你缺点的人，把他们的说辞全部换成正面的说法

“你今天的穿搭，有点浮夸啊。又是这种颜色啊，它不适合你。”

“这个计划书写得让人看不懂啊。主旨模糊，字体也不好看。”

有一些人，总是在不断地指出你的缺点。

他们吹毛求疵，鸡蛋里挑骨头。只要他们开口，蹦出的就是批评。真的很让人沮丧，不是吗？

如果你一直去否定他们的言辞，“那你到底要我怎样？”他们很容易发火。你必须认识到，“你没有备选方案就否认他们的言辞是不可取的。”

或者你也可以试着撒撒娇：“我是那种在表扬中成长的人哦。”

然而，这种撒娇的策略也是完全没有意义的。

他们既不会向你提出建议："这个怎么样？"也不会表扬你："这里做得很好。"他们只会说："你自己想一想。"或者："你想让我表扬你哪里？"

嗯……你到底该怎么做才好呢？

面对这种"缺点怪兽"，有什么好的反击方法吗？

指出别人缺点的感觉很好，所以令人上了瘾

有些人对不断指出别人缺点这件事已经上瘾了。

不停地批评别人本来就是一种很容易让人习惯的说话方式。

首先，这可以让他看起来很聪明，很帅气。

直截了当地指出对方的缺点，显得自己很有本事、很酷。**相比起奉迎别人"不是挺好的嘛"，否定他人"你不行"可以让自己看起来工作能力很强。这就是为什么他们总会这样对你。**

其次，忙碌的时候，直截了当地批评会更方便。

即便他们脑子里知道应该去表扬，但是当他们很忙没时间顾及这些的时候，就不愿意去想表扬的事了。于是，他就干脆直接指出了需要改进的地方，这样子确实是挺高效的。

而且他可以表现得很了不起，像个大人物一样行事。

每次他指出别人缺点时，会觉得自己好像比对方厉害。因此，当他想表现得像个领导一样时，就会说一些否定别人的话。

这样一来，**指出别人“缺点”这件事，会变得很酷、令人愉悦、看起来很了不起，而且越来越上瘾，如同食禁果一样。它会变成一个令人成瘾的“毒品”。**

因此，无论你反驳说“希望你别再这样说了”，还是表示“那请你告诉我该怎么做”，他们的瘾头都不会消退。

最后，他们可能会用“我这么说都是为了你好”“赞美很容易，但赞美不会帮助你成长”之类的话，表明自己辞严意正的态度。

莫非一旦你陷入批评的地狱，就什么也做不了了吗?

你必须永远忍受这种不痛快吗?

“乐天派”是最坚强的角色

对付那些不断指出你缺点的人，诀窍是“超级正面”。

“你今天的穿搭，有点浮夸啊。”

“很春天，不错吧？”

“又是这种颜色啊，它不适合你。”

“是吗？这个颜色我超喜欢的！”

“这个计划书写得让人看不懂啊，主旨很模糊。”

“嗯，因为我想写的东西太多了呀！”

“字体也不好看。”

“修改了字体就完美了吧！”

用这种表达方式将他所说的负面的东西转换为正面的东西，并且每次都大声地说出来。

如果你跟随他们消极的节奏变得黑暗，你只会更加沉沦。只有强迫自己以积极的方式应对，才能改变这种消极的氛围。

假如你反复这样做，久而久之，对方也会吃惊，会苦笑着说：“嗯，是啊，可能吧。”“虽然不完美，但也还可以。”这表明他们已经开始从批评别人的瘾头中抽身而出了。

无论任何事都积极应对的“乐天派”是最坚强的角色，这类人不会被任何糟糕的指责所打败。请一定要以此为目标！

那些总是指出你缺点的人▶▶▶

实际上 **他们对批评别人上了瘾**

NG **就算你试图与他们对话，他们也只会对你发脾气**

OK **用“超级正面的言辞”来对抗他们的负面情绪**

解决！

| 语言反击技巧 19 |

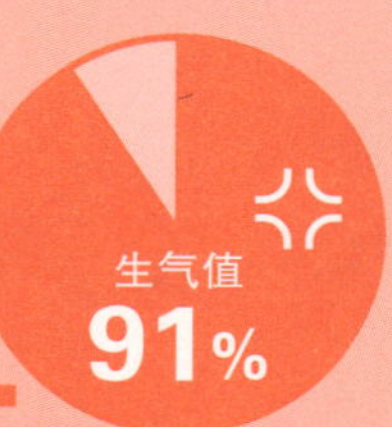

对待居高临下对你指手画脚的人，让他们吹吹牛

“首先要研究，然后进行规划。如果你这样做的话，肯定能成功签约。明白了吗？”

“女人终究还是不擅长拒绝，你要努力哦。”

“对孩子来说，三岁之前是很重要的阶段。你要好好照顾他们。”

你并没问他们的意见，但就是有人喜欢用这种居高临下的态度对你指手画脚。

而且，给你提意见的这个人，偏偏就是那个你不想听他说话的人。真的很烦。

如果你认为那我就随便配合他们一下吧，“哦，是吗？我会考虑你的意见。”那完了，他们会心情大好，会更加乐此不疲地给你出谋划策。

相反，假如你拒绝他们提供那些无用的建议，告诉他们：“我有自己的做事方法。”他们会立刻生气：“你好没礼貌。”如果你和他们争论：“这只是你的做事方式，不是吗？”他们的态度就会变得更加强硬：“那又怎样？”

事实上，他们是相当难对付的一类人。

有什么好办法能与他们好好交涉，对他们进行完美的反击呢？

“我曾经这样做，所以你也应该如此”的谬论

喜欢指手画脚的人，是喜欢高人一等的人。

忠告具有不可思议的力量，从一开始就能把人置于对方之上。只需一句话“你该如何如何”他们和你之间就变成了老师和学生的关系，就是这么容易。

然而，大多数人并没有足够的知识，也没有资格来给别人提建议。从本质上讲，他们并不具备提建议的权力。但是，他们就是忍不住对你指手画脚。

这种人凭什么给别人提建议呢？对，就是他们“自己的经验”。

无论是告诉你如何做事的资深同事，还是想给你充当爱情专家的上司，或者是指导你如何带好孙子的婆婆，他们这些多管闲事的建议基本上都来自于“本人的经验”。

他们认为：“我就是这样做的。”“这对我很有效。”这些只是基于他们自己的经验。即便退一百步，他们说得也没有错，但是接下来的“你也应该这样做”或者“这对你也会很有用”的逻辑就讲不通了。**因为你和他们是不同的人。**

然而，这些人仍然坚持自以为是地给你提出建议。无论你怎么回应他们的建议，你们都谈不到一起去。

如果你说：“我的情况不太一样。”他们会说：“不，我以前就是这样做的。”

如果你说：“我对这样做有点想法。”他们会说：“不，没错，我以前就是这样做的。”

如果你说：“只是你那样做吧。”他们会说：“不，我们那时候都是这样做的。”

对方太固执了，简直就是一场噩梦。

你究竟该怎样做才能击退他们呢？

让他们先吹吹牛还是不错的策略

让那些想对你指手画脚的人先“吹吹牛”好了。

他们给你提供这样或那样的建议，你觉得很烦。就干脆把对话引到不那么有害的“吹牛”上去吧。

“首先要研究，然后进行规划。”

“前辈，你拿下过很多合同吧。”

“那肯定的。我都拿过三次社长奖了！”

“女人终究还是不擅长拒绝。”

“哇，那您以前一定很受欢迎吧。真好。”

“当然了，曾经有一个这样的女孩……”

“对孩子来说，在三岁之前是很重要的阶段。”

“妈，您以前一定很辛苦吧。”

“那是！我那个时候啊……”

如此一来，**谈话的重点就从“给你建议”转移到“夸我自己”上了。**当然，听别人吹牛也很累、很烦，但总比听那些毫无根据的、傲慢的建议要好得多。

偷梁换柱，先让对方自吹自擂，这样你就逃过了一劫，就可以寻找机会进行反击了。

在这种情况下，尽快摆脱“我以前是这样的，所以你要这样做”的噩梦，才是上策。

那些居高临下对你指手画脚的人▶▶▶

实际上 **他们只是在根据自己的经验给你提供建议**

NG **无论你说什么，他们的回答都是“不，我以前……”**

OK **把提建议偷换成让他们吹牛，并等待机会进行反击**

解决！

| 语言反击技巧 20 |

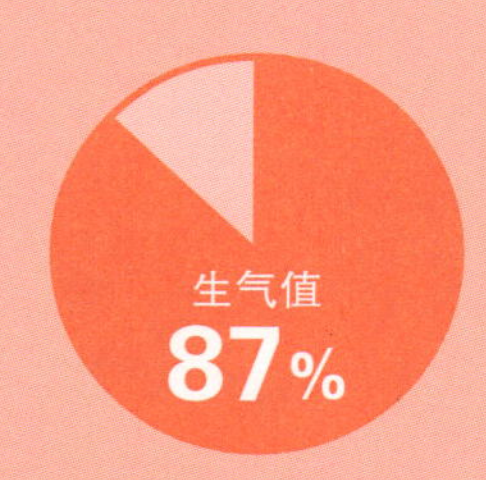

对待大肆标榜常理的人，用“我更想……”来打乱他们的节奏

“这是理所当然的，还需要考虑吗？”

“你在说什么呢？从常理来看，这不是天经地义的吗？”

有些人动不动就搬出“常理”这个词，来否定我们的想法。

他们嘴上说着“要提出新点子”或者“我们所处的这个时代可不能被旧思想束缚”之类的话，但是当你真正试图提出一个构思时，他们又会拒绝：“哦，从常理的角度来看，这是不行的。”几次三番，你也没了动力。

你很想追问：“是谁决定了这些常理？”

你甚至想抱怨一下：“不是你叫我提出一个新的想法吗？”或者你直接反驳：“这个常理本身就应该被质疑！”

然而，这些努力通常以失败告终。

你可能会被嗤之以鼻："你还太年轻！"或者被告知："你能做的事情是有限的。"这让你感觉更糟糕。

你该怎样做才能打败这些"常理怪物"呢？

就没有解决方案吗？

"常理人"只是不想自己思考而已

那些总是大肆标榜常理的人，实际上只是跳过了自己思考这个步骤，偷了个懒而已。

他们不愿意思考，思考太麻烦了。因此，他们要紧紧抓住"常理"这个很好用的词。

假如这个"常理"真的正确，我们也能信服。

然而，这些人所说的"常理"根本靠不住，他们所谓的"常理"可能只是一些已经过时的东西，或者并不适用于所有的情况。

这些人最不愿意做的事情就是"讨论"。

他们会说"这是国外的说法"或"我们必须打破这样的常识"之类的话，与他们争论是徒劳无功的。如果你用"研究结果表明这个方法很好"或者"我们已经和对方讨论过了"这样的说法迂回前进，也很难说服他们。

因为听取这些意见还要自己思考，太麻烦了。

他们会说"啊……烦死了，烦死了"，然后还会在你

背后说你坏话“那个人什么都不懂”。总之，他们永远也不会改变自己的态度。

坚持用“我更想……”

那么，你该怎么做才能打败这些“常理怪物”呢？

你可以做一件完全“没有常理”的事。

变成一个笨笨的活宝，仅凭直觉，想到什么就说什么。

“这是理所当然的，还需要考虑吗？”

“啊，可是我觉得这样比较好啊。没有什么理由，就是这样认为的！”

“你在说什么呢？从常理来看，这不是天经地义的吗？”

“不行哦！我更想那样做。那样子好。”

关键是要坚持自己的意见，不要引用大众的说法或数据。

以“××，你觉得怎么样”“我也想听听你的想法”作为结束语，要求对方也发表一下自己的意见。这样一来，他们就不得不自己思考了。

如果他们觉得麻烦，可能就会用“做你想做的事吧”来结束讨论。

如果他们不愿自己思考，那就用我们的想法来对抗他们。

你还可以传递出“用你自己的脑袋思考一下”这样的信息，这个技巧非常好用。

那些大肆标榜常理的人▶▶▶

实际上 **他们只是不愿意自己思考**

NG **如果你追问“这是什么常理”，双方就会陷入无休止的争论**

OK **用“我更想……”来强调自己的主张，打乱他们的节奏**

解决!

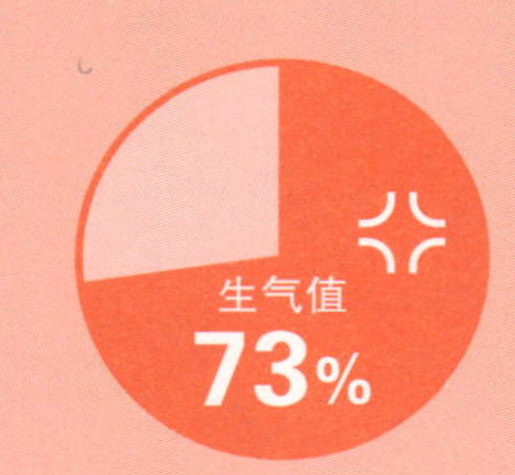

语言反击技巧 21

对待墨守成规的人，一个劲儿地道歉使他们让步

“截止日期是昨天，所以我们不收了。”

“这是规定，我要没收它。”

“禁止入内，这是规定。”

有些人就是这样，死板、墨守成规。

他们总是振振有词地说什么规则、条例、约定，对你的请求却充耳不闻，这令你感到无计可施。

面对这样的人，你千方百计地想要换一种说法，来表达你的观点。

你可能会哭着哀求他们：“部长会发火的……”或者与他们交涉：“能不能想办法推迟到明天？”

或者威胁他们：“那你想要我怎么做？”又或者诈他

们一下："实际上离最后期限还有一点时间的，对吧？我知道的！"

然而，这些态度都是错的。你永远都不会成功。

上述的做法不仅不会奏效，而且对方还可能会变本加厉："真正的截止日期是前天，所以我们早就停止受理了。"你有过这样的经历吗？

那么，怎么做才能让他们听一下你的申诉呢？

有这样的方法吗？

坚信自己是正义的人

墨守成规的人认为，无论如何他们都是"正确的"。

他们是对的。因为他们遵守了规则。

你是错的。因为你破坏了规则。

对于一个成年人来说，这种思维方式有点太简单了。世界并不是这样非黑即白的。

但是他们很固执，因为他们坚信自己的正确性。

而且**他们把你视为"坏人"，你越是和他们交涉，他们就越是难缠。**

就像一个要被黑手党收买的正义警察一样，他们会非常生气地叫骂："你真可耻！"

那么，你该如何让这些人软化呢？

这些正义感过剩的人，他们有没有漏洞呢？

对不起，抱歉，对不起，抱歉……

令人惊讶的是，“一个劲儿地道歉”对墨守成规的人很有效。

我错了，真的对不起。很抱歉，我会反省的。是吧，我们约好的，对吗？是的，真的很对不起。给您带来麻烦了，抱歉。

是你造成的麻烦，也是你把他们卷入这场口角，所以你必须设身处地与他们共情，并真诚地道歉。

有点类似于在他们面前落泪，但又有所不同。

落泪是一种表现出谦卑而让对方退步的策略。但此时，**你还是完全放弃试图“让对方为我做点什么”的想法，只是单纯地像个机器人一样地道歉吧。**

然后会怎么样呢？

让你吃惊的情况出现了，对方让步了：“真拿你没办法，明天一定要交上来哦。”

他们不是魔鬼，也有一颗平常心。

他们觉得自己做了正确的事情，心情就会更加轻松，就会对你做出善意的回应。

如果你一个劲儿地向他们道歉，他们会感到有点不知所措，会萌生出“让他这么道歉好像不太好”的想法，最终他们会妥协：“就这一次哦！”

这就好像北风和太阳。

与墨守成规的人进行交涉会适得其反，相反只要一个劲儿地道歉却能解决问题。

很简单，但有惊人的效果！

那些墨守成规的人▶▶▶

实际上 **他们坚信自己所做的是正确的**

NG **当你与他们交涉时，他们会产生强烈的反感："太无耻了"**

OK **如果一个劲儿地道歉，他们自己会让步的**

解决！

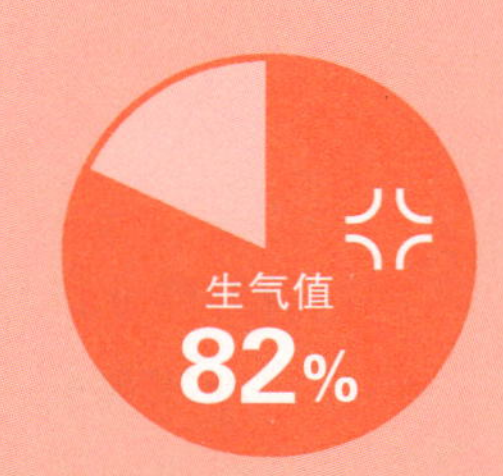

| 语言反击技巧 22 |

对待急于下结论的人，用“无厘头的话”让他们无从下手

“我最近和我丈夫关系不好……”

“哦，孩子出生之后你们关系就变差了吧。那个啊……”

“其实，我正在考虑换份工作……”

“是的是的，换工作。人啊，到了 30 岁就会开始这么想。我跟你说……”

有些人，不管什么事都先下手为强，随随便便地帮你做出结论。你话到一半的时候便打断你，还帮你总结：“就是这么一回事，对吧？”

你试图认真地向他们倾诉，却被对方不分青红皂白地告知“这很常见啦”，简直让人火冒三丈。

如果你争辩说：“不，我的情况有点不同。”或者“人跟人之间不太一样。”对方也不会乖乖闭嘴。

“当然不同啦，虽说如此，但最终结果还是一样的。”

“不是啦，这不取决于人的，大家都有这样的烦恼。”

他们越说越来劲。

你明明已经告诉他们你的情况“有点不一样”，但他们根本不听，还马上把你归类了。

他们究竟为什么一直这样说？

我们能做些什么来对付他们呢？

“假装聪明”是一件坏事

急于下结论人通常都认为自己很“聪明”。

他们喜欢用模式化、把人分类的方式进行思考，尤其热衷于把别人的案例拿过来直接套用。由于他们太喜欢这么做，以至于没办法好好听他们面前的人说的内容。

“哦哦，这个类型的事情啊……”“对对，这个和我以前听说的事情一样。”他们就这样随随便便地下了结论，自以为是，满心欢喜。

如果偶尔一次这样也就算了，但三番两次你也会感到厌倦，心里面打着哈欠：“又要讲这件事了啊……”你们已经没办法再聊下去了。

无论你如何抱怨，说你不希望被比作其他人，最后都会被他们嗤之以鼻：“不都是一回事！”

即使你坚持“人和人不一样”，他们也会若无其事地举一些其他的例子：“真的？但是 ×× 和 ×× 也这样说哦。”

与这种急于下结论的人认真争论是没有用的。你说得越多，他们就越要和你显摆他们的那些见解。

那么，究竟怎么做才能让他们无言以对呢？

有什么好的解决办法吗？

用“超级无厘头的话”让他们无从下手

对付那些喜欢听人诉苦，又急于下结论的人，用“超级无厘头的话”最为有效。

“关系不好啊，就应该这样。你听我说……”

“哦，对不起。我刚刚放了个屁。”

“……”

“人啊，到了 30 岁就会开始这么想。我跟你说……”

“啊，这个蛋糕好好吃。”

“……”

当他们开始那些自以为是的总结时，你马上用一个无法模式化的、无厘头的话题来打断他们。

突然提出一个无厘头的话题，啪一声打断谈话。**这隐隐传递了一个信息，暗示对方，他们说的那些话“很冷”“很无聊”。**

如果对方退缩了，那你们之间就可以继续正常的对话。但如果他们又开始得意忘形，你再次迅速地强行转移话题："我饿了。""啊……今天天气真好啊。"

给那个醉心于帮你下结论的人，用一个"无厘头的话题"泼一盆冷水，让他清醒一下吧！

那些急于下结论的人▶▶▶

实际上 **认为自己很聪明**

NG **就算你坚持"我不一样"，他们也不会理会**

OK **用无法接话的"无厘头话题"让他们闭嘴**

解决！

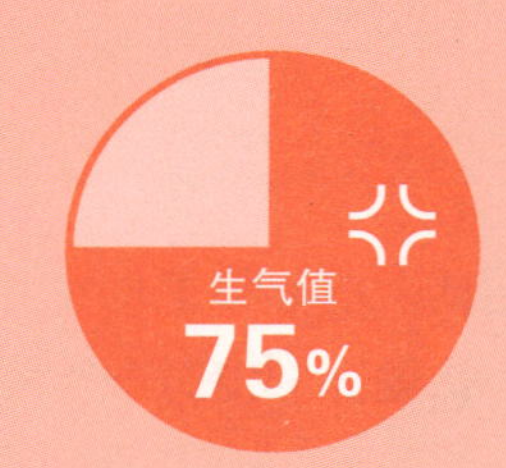

语言反击技巧 23

对待咄咄逼人的人，用“确实如此”来搪塞

“之前你的资料交晚了，要不是我搭上周末过来帮忙，你现在哪能坐到这个位置上？”

“那次你和你男朋友吵得很凶，还好我拼命给你们劝架。好怀念啊，现在你们婚姻这么幸福，也算是对我的报答了。”

“你最近一直没回老家。还好这段时间邻居过来帮忙。真是‘远亲不如近邻’。”

有些人就喜欢施恩图报，还用讽刺挖苦的语气让你感激他。

即使你心里真的很感激，但如果他们一有机会就硬逼着你表示感激，你可能会觉得很心寒。

确实，你受过他们的关照，表面上很难抱怨。因此，无论怎样，先低下头，对他们说一句："真的很谢谢你。"然而对方却变得更加傲慢、得意忘形："就是！你别老一副了不起的样子。"

假如你说："够了吧。当时是当时。"他们则会十分生气，表现出一副受害者的样子："太过分了！""你忘了你欠我的吗？"

怎么样，这真是个麻烦事，对吧？

有什么好办法可以摆脱他们吗？

永远"欠"他们的作战策略

咄咄逼人的人是阴谋家，他们希望你永远"欠"他们的。

如果他们出于真正的好意，不会一直纠缠着你。你一句"谢谢"，他们一句"不客气"，就够了。一个真正的好人会告诉你："我没做什么。"

然而，这些人是不同的。

他们总是提醒你："我为你做了……！"其实是提醒你不要忘记还"亏欠"着他们，是暗示你还有"借条"握在他们手里。

证据就是**这些人永远不会让你报完恩。**

无论你如何感谢他们，如何报答他们，他们都不会把这份恩情一笔勾销。**他们会一直强调：**"那个时候真是太难了。”“可不能忘了那些日子啊！”以此让你的“债务”保持原状。假如你不想附和他们，试图与他们保持距离，他们就会说你“忘恩负义”，把你重新拉回到这场纠葛之中。

如同借高利贷一样难以还清。俗话说：“世界上最贵的东西，是免费的。”恩义和情分的确是一件可怕的事情。

我们应该怎样做才能逃离这个“恩情的地狱”呢？

有什么办法可以躲开吗？

不要接受你不想要的东西

如果你面对的是这样一个咄咄逼人的对手，报之以谢意令其满意，同时立即转变自己的态度，如同将债务转嫁于他人一样，躲开他们。

“要不是我，你现在哪能坐到这个位置上？”

“哇，真的耶。好可怕好可怕。”

“现在你们婚姻这么幸福，也算是对我的报答了。”

“真的哦。好怀念啊。”

“真是‘远亲不如近邻’。”

“就是。古人说的话真有道理！”

关键是不要否认你所得到的恩惠，用“确实”“真的”这样明快的口气来附和，好像完全在说别人的事情一样，把这件事搪塞过去。

这样一来，对方也没办法再来强迫你。

如果他们生气地说："什么啊，你怎么好像在说别人的事情一样！"你可以继续用这种事不关己的口吻说："不，我很感激你。真的，你帮了我一个大忙。"

假如有些东西是强加给你的，那你不必接受它。把它转移到其他地方就行。举个例子把你不想要的中秋节月饼直接送给邻居，就是这种感觉。

请你一定要试一下！

那些咄咄逼人的人▶▶▶

实际上 **希望你继续"欠"着他们**

NG **无论你如何报恩，对他们而言仍然偿还不完**

OK **事不关己地说一句："真的哦"是最佳良策**

| 语言反击技巧 24 |

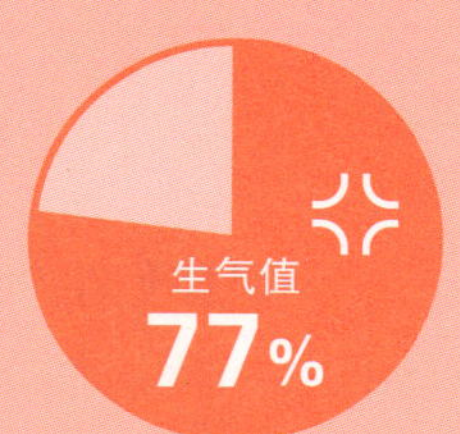

对待假装成评论家的人，用“排挤”来惩罚

“× × 家的拉面很好吃！这队排得值！”

“真的吗？我感觉汤的味道比较淡，口碑与味道不符。”

“× × 的演讲好有说服力，真厉害啊！”

“你认真的吗？他用 PPT 糊弄你，你也太容易被骗了。”

你身边也有这种人，不是吗？

不管你说什么，他们都给你一个否定的态度。你激动万分地说“好”“真有趣”，他们却总是泼你冷水：“那又怎样？”“你不懂！”这些否定直接破坏了你的好心情。

假如他们确实不喜欢，那就不喜欢好了，这是他们的自由。但是，难得你心情好，希望他们至少能保持沉默。

终于，你忍不住反驳了。

“你能不说话吗？”“要是真这么难吃，你不吃不就行了！”“你这是学谁说话呢？”“知道了，知道了，我的错行了吧。”

结果会怎样呢？**对方越来越得意忘形：**“别啊，你就让我说嘛。”“我就是说说我自己的感想。”“没有谁，是我自己的直觉。”“我又没说你错了，只是感觉不太对。”

说了这个说那个，你越来越不舒服，不想再聊下去了。

除了让这些人自说自话，就没有别的办法了吗？

有没有办法能让他们马上闭嘴呢？

假装评论家的人数量正在剧增

那些愤世嫉俗的假评论家，其实就是那些想夸耀自己“品味”的人，他们想炫耀自己有一个与众不同的观点。

这个“与众不同”的重点在于，**他们急于标榜自己的特别，所以会贬低任何东西。**

最近，由于微博等社交网站的普及，许多人都在成为评论家。

他们把某个人当作众矢之的，骂他，和他争吵，然后得到越来越多的关注，觉得很开心，有种活着的感觉……

喜欢假装成评论家的人，就是这种“网络暴徒”。

比方说，只是讨论对拉面的印象，或以正常的方式庆祝演讲的成功，他们根本不想也不愿意和你进行正常的对话。他们就是希望你关注着他们，而不是他们关注着你。

他们的目的是脱颖而出，引起别人的注意，所以无论你是肯定还是否定他们的说法，你都要听从他们的摆布。他们会越说越起劲，没完没了。

就算你略带讽刺地问："哎呀，那你为什么不写在你的朋友圈上呢？"也不怎么管用。他们会说："朋友圈这种东西啊……"然后又开始讥讽其他的东西了。

即使你只是随便附和一句"哦？这样吗？"，他们会立即向你普及："什么？你不知道吗？这家店原本是由 × × 集团经营的，是餐饮业的大公司，他们和媒体的关系也很好……"真是听得你烦死了。

啊，真是太令人郁闷了，就不能做点什么吗？

无视他们，你就能马上摆脱他们

对于那些假评论家发表的意见，不要只是随便听听，而是从现在开始，要彻底地"充耳不闻"。

他们最讨厌的就是得不到任何反应，不要评论，不要加入，不要改变话题，让它到此为止。

拉上其他的人也是个好办法。不光忽略他们的评论，还可以无视他们的存在，只和别人热烈地讨论。

"× × 家的拉面很好吃！这队排得值！"

"真的吗？我感觉汤的味道比较淡……"

"啊……好好吃！果然拉面最棒了。(对别人说）我们下次再来。"

"不，嗯，有点让人失望……"

"(对别人说）我们去便利店买点冰淇淋吃吧。"

当他们无法再吹嘘的"自己的品味"，并且被大家排挤时，害怕寂寞的他们自然会知道什么才是正确答案。

无视这些假评论家的意见。请一定要牢记这一点！

那些假装成评论家的人▶▶▶

实际上 **认为说点与众不同的话会显得他们很酷**

NG **无论你对他们的话表示肯定或是否定，他们都会越说越起劲**

OK **彻底充耳不闻，把自己从对话中抽离出来**

解决！

| 语言反击技巧 25 |

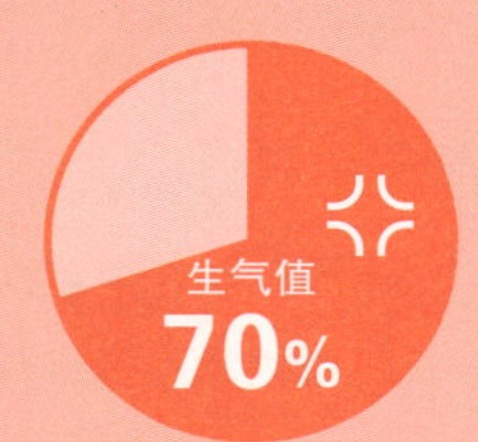

对待假装自己是天才的人，扔给他们“大量的工作”

“你这样拼命地工作是没有意义的。工作嘛，就应该像打游戏一样。”

“销售最终讲究的不就是效率吗？”

总有这么一些人，宣扬工作“不需要努力”“不用出汗”。

但遗憾的是，这种人在实际工作中并不那么出色，听到他们这么说，你感到很震惊。

因此，为了向他们展示残酷的现实世界，你可能会警告他们：“你不是还没做出任何成果吗？”“等把销售额搞上去了再说这种话吧。”

或者，你的性格比较和善，你可能会善意地建议他们：“趁还年轻，出点汗吧。”“完成数量之前先不要谈质量。”

但是这样做的效果完全适得其反。

你越是这样说，这些人就越会坚持："哦，你还在说这样老的套话啊。""好好好，到时候你看结果就行了。"这些人明明走的是错误的方向，却装出一副天才的样子，根本就没办法跟他们交流。

如此一来，他们会喋喋不休，你压力也很大，而且事实上你无法推进任何工作，真是一点好处也没有。

那么，你到底该怎么做呢？

不是"酷酷的天才"，而是"装酷的普通人"

这些人只是在模仿"真正的天才"**。**

铃木一郎、堀江贵文、本田圭佑，**他们都是"态度很差，却获得了巨大成就的天才"，从而进入了大众的视野。**他们非常引人注目，而且很酷。

即使能倒立着行走也无法取得像他们那样的成功。但是，却可以模仿他们的说话方式。所以不管怎样，就算只在语气上像个酷酷的天才也行。

证据就是他们喜欢引用名人名言。

如果他们要模仿这些名人，那也应该模仿名人们背后的努力才行，但他们并没有。他们不这样做，是因为努力奋斗太累了、很麻烦。这就是为什么没有越来越多的"装酷的天才"，反而是"装酷的普通人"层出不穷的原因。

他们还有另外一个可恶的特点，就是“看不起别人”。

他们自认为是天才，却把周围常人的专注和努力看成是“老套”“过时”“低效”。

这就是周围人的友好建议或讽刺对他们根本不起作用的原因。内心里，他们认为自己是唯一被选中的天才，不能听那些傻瓜的话。

你输了，真的很烦人。

有没有办法让那些喋喋不休的嘴巴闭上，让他们变成努力向上的人？

给他们施加压力，让他们成长起来

对付这种假装天才的人，最有效的方法就是给他们施加压力。

对他们的话信以为真，扔给他们大量的工作，这是唯一的有效办法。

“你这样拼命地工作是没有意义的。工作嘛，就应该像打游戏一样。”

“是嘛……确实。嗯，那这个和那个工作都拜托你了哦！”

“……”

“销售最终讲究的不就是效率吗？”

“明白了！这个区和那个区的任务都交给你啦，等你的好消息哦。”

"……"

他们觉得"发牢骚一点都不酷"，所以就算拉长了脸，他们也会答应你："那好吧。"

假如他们被增加的工作量压得喘不过气，开始抱怨做不到，那就给他们一个温和的拥抱吧。

相反，如果他们把压力作为激励，成为一个真正的天才，那真是太幸运了，你俩都会很高兴。

如果你遇到了一个让你难以忍受的假装天才的"大嘴巴"，**最好的办法是给他们很大的压力，来看看他们是否是真正的高手**！

那些假装自己是天才的人▶▶▶

实际上 **他们只是在形式上模仿了天才**

NG **无论你说什么，他们都只会看不起你**

OK **扔给他们大量的工作，让他们处于压力之下**

解决！

| 语言反击技巧 26 |

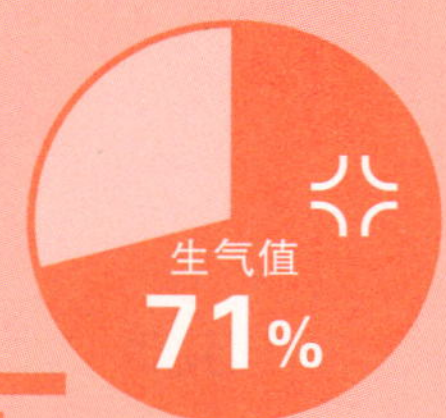

对待过于讲究的人，用“假情报”让他们动摇

“我家里没有电视，你还在看电视吗？有意思吗？”

“这种红酒配鸭肉比较好，配牛肉不行的。”

“幸亏有这个 APP，否则我写不出计划书，你也试一试呗。”

食物、时尚、爱好、工作方式……有些人对待这些方面非常讲究。如果他们只针对自己，那倒也没什么，不过有些时候他们甚至会对你的做法指手画脚。

你想反驳。

“我很喜欢看电视。”“已经够好喝的了。”“我用的这个软件挺好的。”**你试着和他们争辩：“别管我，我有我自己的做事方法。”希望他们放过你，但不知道为什么，这对他们起不了作用。他们只会一边微笑一边用居高临下的**

表情看着你，这让你更加愤怒。

被强势建议的时候，你很恼火。被强行推着走的时候，你很恼火。被人看不起的时候，也让你很恼火。

有什么你可以做的呢？有什么办法可以进行反击呢？

“假讲究”和“真讲究”之间是有区别的

那些不问青红皂白就把自己的执念强加给你的人，有一部分真的只是在“脆弱而浅薄地穷讲究”。

真正讲究的人是不会大声说出来的，他们只会默默地、独自地坚持。与其说是讲究，不如说是一种生活方式。他们非常谦虚，并且明白“每个人都有自己的生活方式”。他们会立即避免谈论电视，满意地品尝一点儿红酒，去寻找更好的应用程序，并乐在其中……他们在日常生活中的习惯根深蒂固，完全不需要大张旗鼓地向别人提起。

然而，那些大声宣扬自己的讲究，甚至把它们强加给别人的人，其实还并没有把这些习惯变成自己的。就像穿着不合身的衣服一样，他们宣扬的讲究对他们自己也不合适。所以他们非常不安。

这就是为什么他们会来一再确认：“没错吧？”“你生气了吗？”这就是他们把自己的想法强加给你时的心理活动。

因此如果你说“我有我的做事方式。别管我”，这些人立刻就会不高兴。为了掩饰他们的不快，他们会一副看不起你的样子："哼！你懂什么？！"。

所以你不能和他们争论。反之，如果你承认他们厉害，他们会更加啰唆。

你该怎么应对这些烦人精呢？

用"假情报"来"反杠"他们

有一个好办法！

如果这个人过于讲究，你也可以讲究，用"讲究"来打败他。

"你还在看电视吗？有意思吗？"

"现在电视又流行起来了，你不知道吗？"

"这种红酒配鸭肉比较好，配牛肉不行的。"

"从健康角度来说，牛肉更配哦。"

"你也试一试呀。"

"现在的年轻人都不用 APP 了，他们直接手写。"

当然，有些回复完全是胡说八道也没问题。

关键是要加进来一个可靠的信息来源，比如，"谁谁这么说过"或者"哪篇文章里这样写到过。"

因为**他们讲究的那些也只是别人告诉他们的。**可能是他们在网上某个地方看到的东西，也可能他们自己也只坚持了半年左右而已。

所以你就装作很懂的样子，用些假情报来“反杠”他们。他们会突然变得软弱无力，会退缩，喃喃自语，说“啊，这样啊”“嗯，也可以”“嗯，各取所需最好了”，诸如此类的废话。

用假情报来回击假讲究。

让我们用“以毒攻毒”的精神来击败他们！

那些过于讲究的人▶▶▶

实际上 **这是一种浅薄的执着，他们的内心是没有安全感的**

NG **如果你和他们争辩，他们会看不起你**

OK **用“假情报”来和他们对峙，让他们动摇**

| 语言反击技巧 27 |

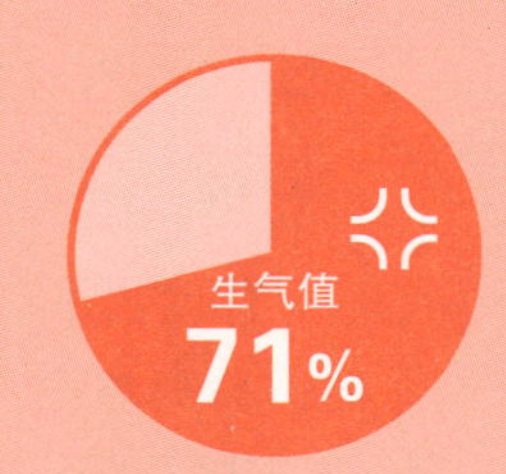

对待总是怀旧的人，把代沟放在他们面前

“我年轻的时候，就算工作很忙也会抽出时间来出去约会。”

“我以前那个部门，新项目上马后超级成功，真是累惨了。”

有些人，**总是喜欢高谈阔论他们过去的辉煌和传奇。**

对你来说，只能表示“哦，这样啊”，没办法感受到其他东西。这种老生常谈很无趣，听起来超级无聊。

而且，这个故事被美化过了，也不知道是真是假，说教意味浓重，还很落伍。这让你很烦躁。

然而，如果你和他们争论，告诉他们现在的时代不同了，他们会说：“不，这跟时代没关系。”他们还会生气。

假如你热烈地附和他们：“哇，太棒了！”对方会更加兴奋："说到底，工作这事啊……"

如果你只是冷淡地"哦"一声作为回应，这些人通常感觉不到你的漠然，他们可能永远不会闭嘴。

如果是一帮老年人的同学聚会，只要开心，说什么都无所谓。问题是当他们牵扯上你的时候，情况那就不妙了。

有什么办法让这些人一下子就闭嘴呢？

只着眼于过去的梦中人

喜欢自豪地谈论往昔的人，是只着眼于过去的人。

他们现在的生活并不充实，对未来也没有希望……因此，他们试图一遍又一遍重温记忆里最闪耀的时刻，沉溺于自己曾经的最佳状态。

如果总是以这种方式看待过去，他们的时间观念会错乱。

对你来说那是很久以前的事情，对他们来说却只是刚刚发生。当时理所当然的事，他们认为现在也应当如此。

因此，争辩说"时代已经变了"是没有用的。

他们一秒钟都不能接受，他们只看得到过去，对他们来说，时代还没有改变。

无论你说什么，都无法与这些不想从童话世界走出来的人进行对话。

嗯，这是个问题。

你如何才能唤醒他们呢？

怎样才能委婉地告诉他们“你说的是很早以前的事情”，让他们“醒醒”呢？

用“那时候我还没出生呢”来强调代沟

对待这些只看过去，时间观念错乱的人，最好的方法是让他们面对“代沟”。

“我年轻的时候……”

“这什么时候的事了呀？”

“嗯，1995 年左右吧。”

“哇！那时候我还没出生呢！”

“……”

“我以前那个部门……”

“泡沫经济的年代吗？”

“是的是的，好怀念啊。”

“哦，我妈妈也经常聊起那个年代。”

“……”

就这样逐一**和他们确认那是什么时候，是几年前的事，然后通过“那时候我还没有出生”或**“我妈妈也经常聊起”这样的说法来告诉他们：你讲的是八百年前的事情了。

这样一来，对方自然会注意到时间的流逝：“哇，那真是很久以前的事了。”他们会意识到**他们的言论是多么不合时宜。**

如果有些人只盯着过去，那就让我们把他们拉到现实面前，让他们尽快从梦中醒来。

然后，我们就可以一起讨论面向未来的问题了！

那些总是怀旧的人▶▶▶

实际上 **他们只着眼于过去**

NG **就算你告诉他们时代不同了，他们也不听你的**

OK **强调代沟指明他们已经脱离时代了**

对待总是指出你缺点的上司，
把他的说辞全部换成正面的说法

第四章

对“执拗又麻烦的人”反驳

| 语言反击技巧 28 |

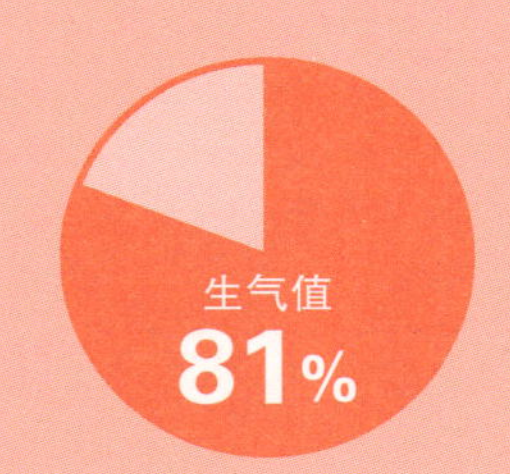

对待强买强卖的人，用“恰恰相反”来对抗

“是的，绝对没问题，请一定要和我们签约噢。马上就签，请在这里盖章。”

“啊，来吧，我们走吧。可以的，可以的，之前你不也说了要去吗？快点快点，不然来不及了。”

销售员、营业员、客户代表……有些人非常强势，至于你，会被他们的节奏牵着走，最终陷入惊慌失措。

最后你会买一些不需要买的东西，本应顺利进行的事情结果却很糟糕。

一旦你被对方的节奏牵着走，就很难再回来了。

如果你想通过“等一下”或“让我考虑一下”这样的表达来使他们的节奏慢下来，他们还是会不停地催促你：“我们必须快点。”“东西快卖完了。”

如果你坚决地拒绝，“够了！”“我不需要！”他们就会问你：你觉得“哪部分不好？”“哪里需要改进？”他们会用尽手段对你纠缠不休。

为什么拒绝一个强买强卖的人如此困难？

有什么好办法可以巧妙地回绝他吗？

气势占九成，内容排第二

强买强卖的人重视气势。

大多数的强买强卖，你事后回想起来，他们当时说的话都很奇怪或是很矛盾。只是你彼时没有意识到这一点而已。

原因是强买强卖的人说话时有种“气势”。

俗话说：“向别人传达内容，百分之七十以上是通过语言以外的因素（手势和面部表情）来传递的”。而且这些人从一开始就不想和你讲道理。

他们想牵制你的步调，用气势逼你答应。一旦你答应了，他们趁热打铁顺势让你签署合同或者购买产品。

这一连串的流程已经成为完整的技巧，可以说是专业的。你这样的业余选手，就算想要和他们斗上一斗，也无法获胜。最终，你会被迫陷入他们的步调之中。

如果你态度很好，你就会被利用。

如果你明确拒绝，他们会反咬一口。

如果你持保留态度，他们会威胁你。

你陷入了困境。到底该怎么做才好呢？

你就这样任由他们摆布而无法脱身了吗？

夺回节奏的魔法词语

如果对方来势汹汹，我们以正常的方式回话肯定会输。在这种情况下，**你需要用到平时很少使用的强硬词汇来打断对方！**

“是的，请在这里盖章。”

“啊，恰恰相反，我可以不盖章吗？”

“快点快点，不然来不及了。”

“啊，恰恰相反，我是那种一着急就会出荨麻疹的人诶。”

推荐给你的这个词就是：“恰恰相反”。

这是近年来流行的一句魔法词语，它表达一种**“我并非故意找你的碴儿，只是你说的那些话引起了我的注意，我觉得那些话不怎么好听”**的意思。

用“恰恰相反”来打断对方的节奏，接着再说一些乱七八糟的事情，越是语无伦次越好。

如果**对方在那个瞬间愣了一下，那么你就赢了。现在你已经把他们的气势削减了百分之八十。**

之后你就可以随便找个理由，然后跑掉。

最好不要当场做出决定，而是把做决定这件事带回家：“我要回公司考虑一下。”“我得和我的家人讨论一下。”**总之，要尽快从他们的地盘溜走。**

夺回节奏的魔法词语是：“恰恰相反”。不要滥用，但当时机成熟时，一定要试试它！

那些强买强卖的人▶▶▶

实际上 **他们是用气势就能说服你的专业人士**

NG **如果你正常地说话，那你不会赢**

OK **用一句“恰恰相反”来打断对方的节奏**

解决！

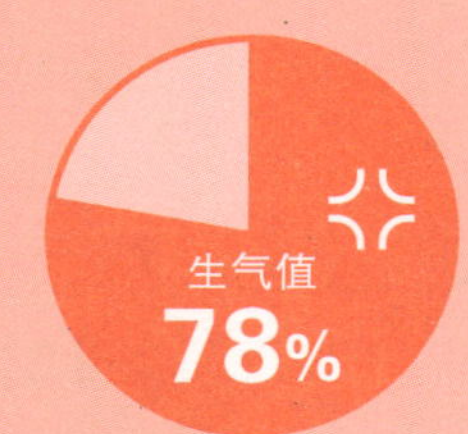

语言反击技巧 29

对待喜欢找借口的人，先让他们道歉

“复印机不能正常工作，没办法打印了，所以才没来得及，我修理卡纸的时候，又接到了客户的电话……”

“就算他们认为我工作做得不够好，但这不是我们整个部门的责任吗？我想不通，这本来就应该是整个销售部的责任。”

有些人很会找借口。

只要他们开口，就会说“那是因为”“但是”。他们会想尽办法强调不是自己的错，并且详细地辩解他们是如何失败的。

然而你并不想听这些，你非常恼火。

当你生气地告诉他们不要找借口时，他们不会闭嘴：“这不是借口，我是在解释！”你们的谈话完全是两条不相交的平行线。

为什么会发生这种事？

有什么好办法可以让那些不断找借口的人住嘴呢？

为什么你不想听借口呢？

找借口的人都是为了“自卫”。

他们认为自己没有错，也不希望受到责备，他们会为自己的过失做出无数的解释。

你不想听到这些，所以最后会很生气。**但如果你对他们大喊“不要找借口”也是毫无意义的。因为即使他们闭嘴表示“好吧，我不说了”，不知道为何，你依然会很不高兴。**

就算你追问他们“接下来你打算怎么做？”，那也无济于事。即便你听到了他们具体的改进措施“今后我准备这样那样做”，你的心情也不会改善。

这到底是为什么呢？真是不可思议。

究竟如何才能摆脱这种郁闷的感觉呢？

你想听到的不是借口，而是“我很抱歉”

对那些找了太多借口的人，最好的一句反击就是：“给我道歉！”

“复印机不能正常工作，没办法打印了……”

“知道了，你先道歉。”

“什么？”

“少废话，说‘对不起’！”

“哦，对不起！”

“就算他们认为我工作做得不够好……”

“你先要道歉。”

“啊？为什么？”

“我昨天可是等了你一天。”

“啊……好的，我很抱歉。”

怎么样？

一旦你听到“对不起”“我很抱歉”这些字眼，是不是觉得心里舒服多了？接下来也更容易接受他们的种种借口。

你首先想要听到的就是这一句道歉，**那些急于为自己辩护的人是不会说“对不起”的，所以你才会很恼火。**

假如他们不说“对不起”“我很抱歉”，而是在那里一直解释原因或者谈论如何改进，你都会很烦躁，觉得他们“只是在找借口”。

如果你心里想要对方道歉，那就直接告诉他们：“我希望你道歉。”

就像妈妈经常对孩子说“怎么没说句‘对不起’呢？”，是一回事。

如果他们道过歉了，为自己辩护的想法也会减弱，这样他们就能更冷静地与你对话。“那是因为”“但是”这些词语的使用频率也会降低许多。

当然，也不是每个人都会向你道歉。

即便如此，**争论“道歉”和“不道歉”，也比争论“不要找借口”“这不是借口”更有意义。**

从现在开始，我们就直接告诉对方“给我道歉”吧！

那些喜欢找借口的人▶▶▶

实际上 **他们急于为自己辩护**

NG **无论你如何质问他们，你都不会轻松**

OK **一句“给我道歉”，会使你们的谈话更顺畅**

| 语言反击技巧 30 |

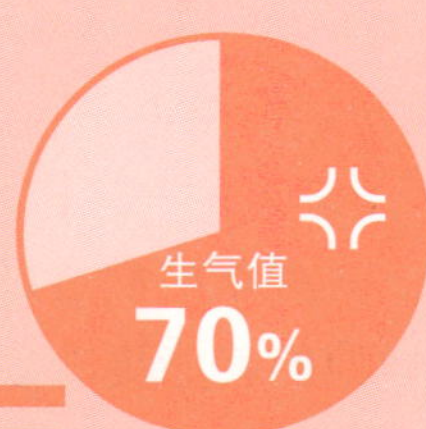

对待喜欢唠叨的人，“面无表情”很有效

比如说教。即使你明确表示“我明白了”，他们还是会絮絮叨叨地一直说个没完。

又比如，在一个聚会上。他们一遍又一遍地重复着同样的笑话，或者是反反复复地自吹自擂。

爱唠叨的人很烦人，不是吗?

当同一件事被翻来覆去地提及，你会觉得像在听一张老旧的唱片，让你头痛欲裂。

最后你终于忍不住了:“这个事你以前已经说过了哦。”“哦，我知道了。就是……对吧。”你想打断他们的话，想要插嘴，但这并不是一个好主意。

他们可能会涨得满脸通红，生气地说:“你太没礼貌了！”或者一副悲伤的表情:“你别这么说嘛……”他们会让你产生一种奇怪的内疚感。

最糟糕的是，他们还有可能回到原点："咦？我说的和你说的不太一样。"或者"你还是没明白啊。好，我从头再给你讲一遍。"你的郁闷就此翻倍。

面对这种情况，你还能做什么呢？

无休止的循环让你疲惫不堪，难道就没有其他办法了吗？

"想受到关注的人"会反复唠叨同样的故事

有的人反复讲述同一件事，是因为他想得到别人的回应。

例如，在聚会时，他希望大家对他所说地表现出兴趣或者产生如梦方醒的感觉。他们渴望得到关注，而且无法抑制这种感觉。

因此，他们会坚持不懈地重复一件曾经让人觉得好笑，或者被别人肯定的事情。

不停地教育你也是一样的道理。他们希望得到"我会反省的"或"我很抱歉"这样的反应，所以他们会一次又一次地对你进行同样的说教。

他们手头没有其他的素材，所以只好反复讲同样的故事。他们希望得到你的反应，但却不努力寻找新的素材。

再举个例子，他们会在社交网站上重复发同一个主题，希望获得网友的点赞。

在这种情况下，无论你表现出“你好厉害”这样的恭维，还是“我会反省的”这样的谦卑，抑或是一副闹别扭的表情，所有这些反应都正中他们的下怀。

每个人都需要得到关注和认可，但这些人的做法太缺乏艺术，太偷工减料了，这是不行的。

因此，如果可能的话，你要用最严厉的方式来教训他们。

那就是**“面无表情”地对待他们。**

用“静止的画面”来对付“无限循环”

终极的毫无反应，就是“面无表情”。

不要表现出任何情绪，装出一副喜怒不形于色的样子。

对于你已经听过很多次的插科打诨，**尽量不要讨好地微笑，也不要露出厌恶的神色，只需面无表情地点头即可。**你甚至可以直接伸筷子去夹食物，或者面不改色地点一杯啤酒。

对于你听腻了的说教，避免表现出任何悔恨或赌气的神态，始终用一张“冷脸”来回应他们就可以了。**无论对方说什么，都面无表情地回瞪他们。**

想象一下。如果你面前的人突然脸一板，那还挺可怕的。

他们肯定会被吓到。

继续保持面无表情，直到他们换个话题：“嗯，哦，我们以前聊过这个吗？”“对不起，我是不是话太多了？”

当他们不再继续聊那些话题，你就可以恢复正常的表情了。如果他们再次提起那些话题，你就再次恢复到面无表情，不断地重复这个过程。

对于无限循环播放的视频，最好的办法就是用静止的画面来对付它！

那些喜欢唠叨的人▶▶▶

实际上 **他们希望轻松就得到对方的回应**

NG **无论你做出什么反应，都会是一个无尽的循环**

OK **用“面无表情”来震慑他们**

解决！

| 语言反击技巧 31 |

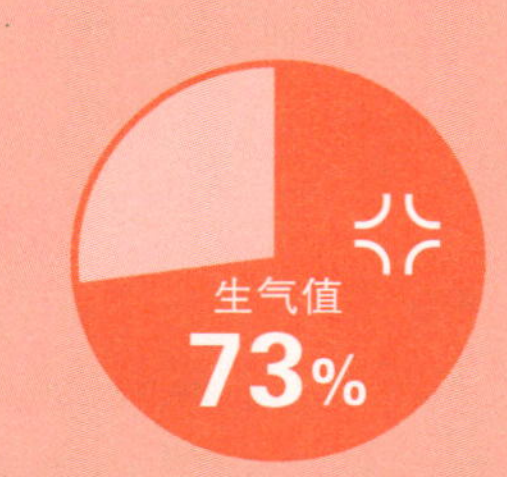

对待爱八卦的人，装傻充愣就行

“听说 ×× 科长这次要降职调到 ×× 部门，因为那一次的事情。你不知道那件事吗？你别跟别人说哦！我也是听来的，其实……”

“听说了吗？ ×× 要结婚了！没想到吧？而且还是奉子成婚！ ×× 要做爸爸了！你能想象这个画面吗？他行不行啊？”

“我听说 ×× 和她丈夫关系不好，你知道吗？他们家最小的孩子经常生病，老是请假不去学校。”

有的人非常爱八卦，而且会一直聊这些。

如果只是艺人的八卦或是一些无聊的小事，你还可以饶有兴致地听上一听，但**如果讲的是同一社交圈里的熟人，那就有点麻烦了。**

这不是你随便听听，点点头那么简单的，或许将来这会给你带来很大的麻烦。但是如果你告诉他们“我们不要谈论别人的八卦”，情况也不会扭转，反而会变得更加可怕。

你究竟该如何成功从“人际关系中的八卦陷阱”里逃脱呢？

“吹嘘”“诽谤”和“拉帮凶”是三大要素

爱八卦的人有三个目标，那就是：“吹嘘”“诽谤”和“拉帮凶”。

首先是“吹嘘”。以“嘿，你知道吗？”打开话匣子，如果你回答“是的，我知道”，那你们之间的对话就不会再继续下去了。因为这些人希望你用羡慕的眼光看着他们，希望你回答“我不知道”“真的吗”，这就是为什么他们每天都如此勤奋地收集信息的原因。

接下来是“诽谤”。八卦通常是说别人坏话，都是幸灾乐祸。爱八卦的人想通过贬低和诽谤别人来确认自己的幸运，这是一种病态的心理。

最后，还有“拉帮凶”。说别人坏话是不好的，于是他们拉你“做帮凶”，提议你和他们一起做坏事，他们在拉拢你：不要背叛我，我们一起做坏人吧。

换句话说，**爱八卦的人在强迫你做三件事：“赞美我知道得多”“和我一起说那个人的坏话”“发誓成为我的帮凶”。**

因此，如果你随便点头回应他们，那你也加入了他们说人坏话的行列当中。这种人肯定会在其他地方到处说，他们会提及你的名字："××也这么说哦！"然后谣言就会传播开来。

反之，如果你告诫他们："我们不要说别人闲话了。"那你就会被排挤，因为你拒绝成为他们的帮凶。

假如你试图强行改变话题，他们也会马上把话绕回来。真像身处地狱一样，你掉进了一个层层叠加的陷阱，注定要失败。

如果你想从中逃脱，有且只有一条秘密的出路。

"装傻充愣"最有胜算

逃脱八卦陷阱的唯一方法就是装傻充愣，你要把自己伪装成一个无辜的、傻乎乎的人。

"听说××科长这次要降职调到××部门。"

"啊？"

"因为那一次的事情。你不知道那件事吗？"

"啊……你在说什么啊……"

"你别跟别人说哦！我也是听来的，其实……"

"哦，还有这种八卦啊，好有趣……"

"你怎么看？"

"我也不知道。"

你只需要表现得对他们说的话不感兴趣，没有反应，装傻充愣，拖长调子，并且坚决不发表意见。

重复“是哦”“对哦”“我不知道”。

如果你这样做，对方会感到很失望，因为他们以为你会和他们一起为这些八卦感到兴奋。他们不想再和你说话，只想找个有反应的人去聊这些。

当你不想陷入派系斗争或被排挤时，就可以采用这个技巧。

在人际关系的八卦陷阱里，积极的反应是通往地狱的近路。

没错！装傻才是最强大的策略！

那些爱八卦的人▶▶▶

实际上 **想吹嘘，想诽谤，想让你做帮凶**

NG **无论你是赞同还是责备，都会被拖进地狱**

OK **让他们放弃的唯一方法就是装傻充愣**

解决！

| 语言反击技巧 32 |

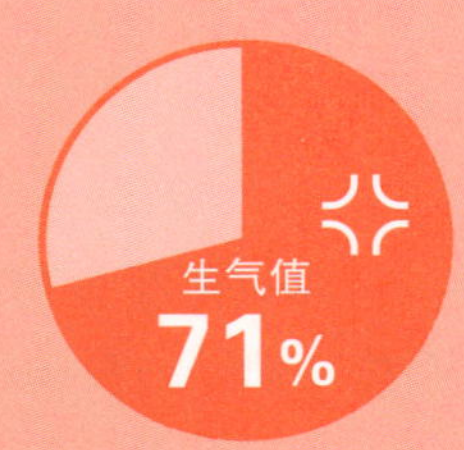

对待自来熟的人，用“敬语”故意冷淡他们

“嘿，宝贝，你是不是有点不舒服呀？”

“嘿，下次我们出去喝一杯吧，我需要你来治愈我的心灵……”

如果你突然收到这样一条信息，它来自于一个你并不那么熟悉的、只见过一两次面的人，你会怎么想？

你一定会很惊讶，他们的口气太过亲昵，让人有点起鸡皮疙瘩的感觉。

如果是推销电话或者缠人的搭讪，你可以直接拒绝，“不要”“你是哪位”“停下”“我要报警了。”但如果他们是你工作上打交道的人，就不那么容易了。假如你直接拒绝，可能会因为无礼而得罪对方。

但你若是接受了他们的提议，那你以后可能就要心烦意乱了。想到这种令人汗毛竖起的信息会时不时地出现在自己的手机上，真会把人吓得魂飞魄散。

究竟该怎么做才能委婉地推开这种自来熟的人，守护自己的安宁呢？

距离太近，太近了

自来熟的人有一个共同点，就是他们“没有距离感”。

我想认识这个人，想要和他亲近，聊各种话题……一般的人都会明白这需要花时间慢慢地拉近双方的心理距离，经过几个月的相互了解后，才会问问对方：“要不要一起去喝一杯？”这是正常的交往流程。

然而，自来熟的人却不是这样。

他们在一个早得让人吃惊的时机接近你，而且，你和他们稍微亲近一点，他们就会离你更近。

因此，你本能地想拒绝他们：“停下。”“别过来。”

更糟糕的是，他们没有任何坏心眼。他们只是想和你交往，误以为你们已经是好朋友了。他们只是个马大哈，但是你的感觉却不是很好，很烦躁。

我想强调的是，感觉不好就是感觉不好。

沟通的基本原理是“接受者的想法就是沟通的结果”。

也就是说，“如果你感觉不好，那就认为感觉不好即

可”，你无需去知晓对方的意图。如果你觉得不舒服，那就断然拒绝他。

原则上，你是可以这样做的。问题是如何稳妥地让他们远离你，你该怎么做才能让事情不会变得更糟糕？

保持距离的超简单方法

你可以使用“敬语”温和地与一个自来熟的人保持距离。

“嘿，宝贝，你是不是有点不舒服呀？”

“谢谢您的关心。是的，我的健康状况不是很好。”

“嘿，下次我们出去喝一杯吧，我需要你来治愈我的心灵……”

“××先生，承蒙您的关照。不巧目前我手头有许多工作，没有空闲的时间。”

使用敬语可以达到这样一种效果，就是让对方在心理上感到与你之间的距离。因此，如果你遇到这种自来熟的人，**尽量用礼貌的、过于客气的敬语来回答他。**

如果他们突然拉近你和他们之间的距离，那你就故意地疏远你们之间的距离。

一个与你正常交谈的人冷不防地使用毕恭毕敬的词汇，你可能的确会醒悟：“嗯？怎么回事？”“啊，我是不是说错话了。”这样他们就会意识到自己有些越界。

此外，**这种方法对他们来说也并不失礼。**

毕竟，你用的是尊重他们的敬语。如果收到的是有工作往来的人发来的私人信息，你也可以采用这个技巧。

对待自来熟的人，要体面地与他们保持距离。这是一条不可动摇的法则！

那些自来熟的人▶▶▶

实际上 **他们不懂得保持距离**

NG **如果你的应对方法不正确，以后会有大麻烦**

OK **使用过于客套的敬语来拉开你和他们的距离**

解决!

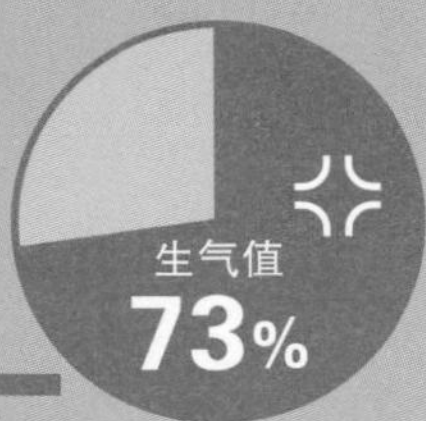

| 语言反击技巧 33 |

对待一直聊自己的人，用“再来一遍”来提升聊天内容的趣味性

“A 公司和 B 公司关系很差，因此其他公司只与它们其中之一做生意，而只有我们公司和它们两家公司都有往来。因为我是负责人……”

“昨天我和一个朋友去买鞋，鞋店旁边有一家宠物店，里面有一只贵宾犬。我的朋友说她想买，但是……”

有一些人总是会无休止地谈论自己，他们毫不顾忌你的感受，一直自说自话，而且永远都不会结束。你好想打个哈欠。

你开始有点烦：“结论是什么？”“所以你到底想说什么？”或者随口奉承他们几句：“是的是的，你好厉害，我知道了。”“不愧是你（语调平淡地）”你试图以这种方式使自己免于麻烦。

这是一个很好的解决方法，许多人每天都这样做，以抵御“只聊自己怪物”的攻击。

然而这种做法并不能令他们十分满意，因为他们没聊够，而你也觉得自己一直在疲于应付，毕竟一直处于被动状态是很累人的。

假如与你聊天的是一个地位很高或是很可怕的人，你可能根本无法催促他们或敷衍了事。

因此，这里有一个全新的解决方案介绍给你！

这是一种如梦幻般的沟通方式，对方说得很满足，你也非常享受。

男人夸夸其谈，女人喋喋不休

人们常说：“男人夸夸其谈，女人喋喋不休。”**一直聊自己的人，聊起自己就会心情舒畅。**

这就像唱卡拉 OK 一样，一直说，一直很开心。他们停不下来，不过这本身也不是他们所能控制的。

问题是他们把话题讲得非常无聊。就好像唱卡拉 OK 唱得极难听一样。

语气、节奏、内容、顺序……

同样的话题，有的人讲会很有趣，有的人讲却很无聊，这取决于它的讲述方法。喜剧演员或专业的艺人会以一种很有趣的方式进行表达，这样你可以听很长时间。但是，外行人却做不到这样。

是的，神奇的解决方案就是**让对方变得更会讲故事。**

他讲得越是无聊，你越是让他们重复

这并不困难，反而相当简单。

当对方讲完他们那些无聊的故事后，你可以说："嘿，你能再讲一遍给我听吗？"也就是要求他们再来一遍。

你就当自己被骗了，试试看。对方会感到不解，然后就会从头把那些故事再讲一遍。

然后会发生什么呢？

令人惊喜的是他们的**废话变少了，开始有节奏感了，故事变得比上一遍更有趣了。**

这是为什么呢？因为讲第二遍的时候，人的头脑会变得更有条理，可以集中注意力把有趣的部分提取出来。

如果顺利的话，你可以催促他们："好，从头再讲一遍。""好有趣啊，能再让我听一遍吗？"在这个反复讲述的过程中，他们的故事会变得更加完整，也越来越有趣，你就不会感到无聊了。

这种看似开玩笑的解决方法还有其他优点：

首先，你不会觉得那么累了。**你可以从一个被动的"倾听者"转变为一个可以命令他们"再来一次"的教练，**这会让你觉得出乎意料地有趣。笑看对方的成长，也不失为一件好事。

其次，对方的感觉会很好。即使他们中途停了下来说“够了”，他们的心情应该也不会太差。因为你不是打断了他们，相反是你央求他们“再讲一遍”。

顺便说一下，**你在讲述自己事情的时候也可以用这个方法。失恋、失败、吹牛……都可以用。这些故事会在你的反复讲述中变得更加完美。**当然，喜剧演员和艺人也会做同样的事情。

对待那些一直在聊自己的人，要提高他们讲故事的技巧，而不是要求他们停下来。

请一定要试一试这种逆向思维！

那些一直聊自己的人▶▶▶

实际上 **就像唱卡拉 OK，这让他们自我感觉良好**

NG **无论是插嘴还是随口奉承，双方都会有压力**

OK **用“再讲一遍”来让双方都满意**

解决！

| 语言反击技巧 34 |

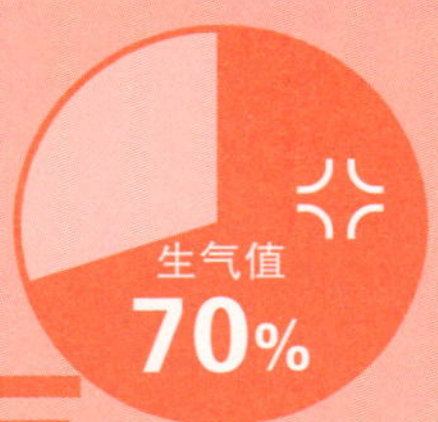

对待喜欢宣扬自己很努力的人，激励他们“继续加油”

“我今天出外勤，工作超努力呢！”

“我很忙，但我已经尽力为你抽出了时间。”

“无论是做家务还是照顾孩子，我都拼命帮忙了哦。”

有些人喜欢宣扬“我很努力”。

我很拼命，我很努力，我干劲满满……这当然是一件了不起的事情。但遗憾的是，如果没有成果，那就有点扫兴了。

于是你终于忍不住要责备他们：“光努力是不够的！”那些人马上跟你闹起别扭：“可是我希望你能认可我的努力。”“你看呀，我每天是怎么努力工作的。”

当然，你心里明白应该表扬他们的辛勤工作。但即使如此，你还是无法接受，不想去赞美那些没什么大不了的事情。你心里想："一定还能有别的做法。"但你不能说出口，好郁闷。

有没有什么好办法可以回敬对方，让对方不至于生闷气，你自己也不用那么烦躁呢？

沉醉于"辛勤努力的自己"

喜欢宣扬自己很努力的人是自恋的。

"我很努力"对他们而言就像毒品。

如果一个人没有朝气，精神上就会出问题。相反，如果他行动起来，心情就能变好。

当然，有时候这些人的努力能恰好帮助到别人。但基本上，**他们只是为了自己而努力。**

他们不过是自以为是、自我满足而已。就因为你看透了他们这一点，所以才会这么生气。

毕竟，他们从小就被教育："努力是最棒的事情。"所以他们只在意努力与否而对努力工作后的结果漠不关心。他们认为："如果没有得到好结果，那只是自己运气不好。"因此，这些人除了"加油"之外，听不到其他的声音。

"希望你能取得更多成果。"

"多表扬我一点，因为我很努力了！"

"这个做法是错的，你应该那样做。"

"你没看到我每天都在努力吗？"

你们之间的谈话永远无法在同一个频道上，**双方都感受到无穷无尽的压力。**

那么，究竟怎么说才能让他们幡然醒悟、做得更好呢？

用“继续加油”来让他们更努力地工作

对于那些喜欢宣扬自己很努力的人而言，最有效的话是：“继续加油”。

“我今天出外勤，工作超努力呢！”

“明白了。继续加油。”

“我很忙，但我已经尽力为你抽出了时间。”

“嗯。不过你可以再努力一点，这样就不会迟到了。”

“无论是做家务还是照顾孩子，我都拼命帮忙了哦。”

“你可以做得更好。继续努力！”

反正这些人喜欢“努力”，他们不喜欢思考，也不喜欢听命行事。

既然如此，我们也没有更好的办法，盲目地让他们加油就是了。

你不用赞美他们，你只需要鼓励他们。

如果你这样做，那他们将别无选择，只能更加努力。

不过，你一定要忍住，别说“你还不够努力”这样消极的话。

命令他们“你要这样做，那样做”也不好。你只需要简单地告诉他们“明白了。继续加油”就行了。

如果还有时间，可以再加上一句：“你可以做得更好”，效果将会更佳。

鼓励一个喜欢宣扬自己很努力的人“继续加油”，是最没有压力、最有效的方法！

那些喜欢宣扬自己很努力的人▶▶▶

实际上 **他们只是沉醉于“辛勤努力的自己”**

NG **如果你让他们“提交成果”或“做得好一点”，他们会发火**

OK **推他们一把，让他们继续加油**

解决！

语言反击技巧 35

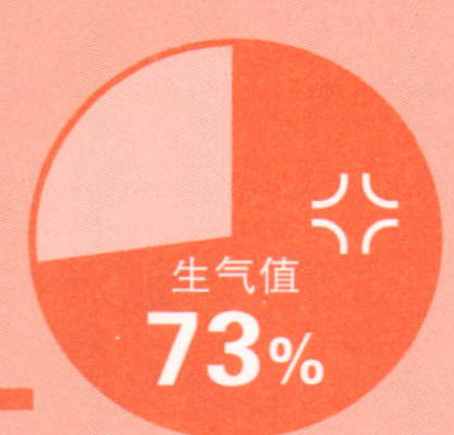

对待假装自卑的人，做出一副信以为真同情他们的样子

“像我这种数学很差的人，居然搞销售，不正常啊。”

“我觉得自己的这张娃娃脸不太好啊，工作的时候别人总是说我年轻，真难为情啊。”

“我根本没办法请假，单位里的‘苦力’啊，大家都把工作推给我。”

有些人就喜欢这样讲话，**一边假装自嘲“我不行”，一边又暗地夸耀自己“我很厉害吧”。实际上，他们假装自卑实则自大。**他们自我感觉过于良好，希望得到别人的关注。这种人真的很烦，让人讨厌。

没办法，你只好顺着他们说：“完全看不出来呦。”他们会非常开心。假如你表扬他们：“你非常厉害啊！”他们会特别满足，让人有点恼火，对吧？

相反，如果你挖苦他们："可能销售不适合你。""他们是不是看不起你？""反正也不是什么很重要的工作。"他们不但无动于衷，还会斗志昂扬地回你一句："不！"真是气死你了。

为什么你的讽刺他们听不出来呢？

有没有那种你一张口就能令他们就不再这样说话的好方法呢？

用"自嘲式吹嘘"凸显自我

实际上，假装自卑实则自大的人极其渴望来自他人的认同。

自吹自擂容易被人讨厌，会引起别人的反感，大家会觉得他们很"嚣张"。

然而，**他们依然想自我吹嘘一番，想要别人夸他们"厉害"。于是他们就发明了这种"自嘲式吹嘘"的技巧。**

首先，他们贬低自己，说自己"数学很差""长着一张娃娃脸""是单位里的'苦力'"，然后再话锋一转，开始吹嘘他们真正想说的东西："销售明星""看上去年轻""肩负重任"等等，这已经成了他们的套路。

这种说话方式有两个目的：

第一是**前半段的自嘲部分，他们需要你顺着他们说"完全看不出来啊"。第二是后半段的自夸部分，他们想要**

你称赞他们“好厉害”。顺利的话，他们将会得到双倍的认同。

如果你顺着他们说，他们可以进一步贬低自己：“我真的不行。”如果你表扬他们，他们又可以装作很谦虚：“也没什么了不起的。”这个套路可以无限循环。

而且，由于他们不是明目张胆地吹嘘，你很难告诫他们不要自大，不然你就会显得像个恶人。

这种情况真是难以攻破，让你感到无可奈何。

无论你怎么反驳，他们都会继续吹嘘，你无法摆脱这个困境。

有什么办法能用一句话就让他们闭嘴呢？

用“顺其自然”来反驳

反击上述这类人的攻略要点在于最初的“自嘲”部分。

你就直接顺着他们的“自嘲”，把他们虚假的自卑当作事实，同时表现出一副信以为真很同情他们的样子。

“像我这种数学很差的人，居然搞销售……”

“确实，你之前数学不好，那你要好好学习哦。”

“我觉得自己的这张娃娃脸不太好啊。工作的时候……”

“嗯，你确实长着一张娃娃脸，好可怜，要不我给你介绍一些好用的化妆品吧。”

“我根本没办法请假，单位里的‘苦力’啊，大家都把工作推给我。”

“啊，没事吧？要不要去做个体检？”

这样一来，**他们后半段的夸夸其谈就被忽视了，而自卑的那部分则被认真对待。你担心他们，给他们建议，对方的期待会落空，只能向你翻个白眼。**

此外，由于你的这种反驳方式表现的是“伪装的关心”，因此不会引起对方的反感，可谓一箭双雕。

对方会说“不，没事的”，然后悄然离开。

对待“假装自卑实则自大的人”，最好的办法就是用“伪装成关心的挖苦”来对抗他们！

那些假装自卑的人▶▶▶

实际上 **他们极度渴望得到你的认可**

NG **无论是顺水推舟还是赞美，他们都不会停下**

OK **不要错过自卑的部分，攻击它**

解决！

| 语言反击技巧 36 |

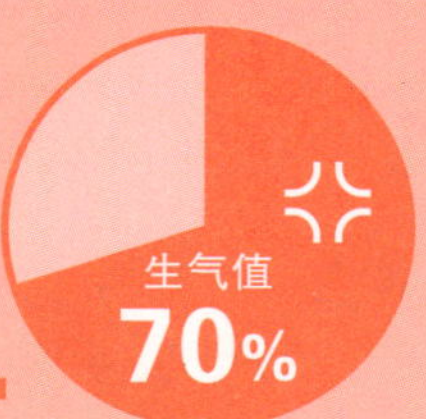

对待喜欢信口开河的人，用“假装记笔记”吓唬他们

“所以，那天我一鼓作气地去了，一口气签了 30 个合同。”

“经理的假发‘嘭’的掉了，所有人都笑疯了。”

“听说这家餐厅只对名人开放，我当时好紧张。”

有些人就喜欢信口开河。

内容实在是太雷同了，夸张又刻意，一听就是骗人的。他们却若无其事地撒谎，还一副很自大的样子，这很让人讨厌。

但是，如果你试图反驳他们：“真的吗？”“给我看看证据。”他们就会说：“哎呀，别那么死板，好扫兴哦！”这种语气好像在讽刺你不会察言观色。明明你指出了他们的毛病，却被当成了坏人，实在是让人不爽。

然而，假如你不加以阻止，他们就会更加兴奋膨胀，胡言乱语不断升级，给你带来很大的压力。

如果这只是一次无聊的谈话，那也就罢了。假如是工作场合，这将会造成大麻烦。

“骗人！”你很难这样直接揭露他们的谎言。但如果你不加制止，它就会变成一个大问题。

有什么好办法可以避免这种情况吗？

“信口开河”是为了“活跃气氛”

喜欢信口开河的人根据“气氛”而说话。

也就是说，他们说话的目的是为了让气氛活跃起来，至于内容正确与否，那并不在他们考虑范围之内。只要有趣、生动，这就足够了。他们的“服务意识”很强，为了“活跃气氛”可以面不改色地撒谎。

换句话说，“信口开河”“活跃气氛”和“撒谎”是密不可分的。

假如你的性格比较严谨，你会指出“不要夸大其词”，而对方会说“因为你气氛恶化了”“氛围被你搞坏了”。

他们有一个强大的盟友：气氛＝所有人的想法。所以即使你的话是正确的，他们也不会接受。

另一点让人感到难受的是，他们说的并非都是谎言。

比如本文开头提到的“签了合同”“部长的假发掉

了”“去了一家有名的餐厅”，这些本身并不是谎言，是真实发生的事情。因此，你要求对方“不要撒谎”是没有效果的。

“我又没撒谎，我只是润色了一下。”……哎，他们还理直气壮起来了。

你想做一些事情来阻止这些人的“随口胡诌”，应该怎样才能达到你的目的呢？

让一个兴头上的人瞬间安静下来的方法

对付这种信口开河的人，“记笔记”是一个好方法。

“所以，那天我一鼓作气地去了，一口气签了30个合同。”

“好厉害啊！一定要和同事们分享一下你的经验，我可以记个笔记吗？是30个合同，对吧？”

“啊，那个，数字上我可能稍微夸张了一点。”

“经理的假发‘嘭’的掉了，所有人都笑疯了。”

“‘嘭’的掉了，笑疯了。我可以把这件事发到朋友圈吗？”

“啊，呃，其实我也有点记不清了。”

“听说这家餐厅只对名人开放，我当时好紧张。”

“好好啊！我记一下。叫什么店来着？只对名人开放的店，对吧。”

“啊……我也是听来的，不知道是不是真的。”

如果你认为他们在"胡编乱造"，那就立刻拿出纸笔，假装把他们的话记下来，当然，智能手机也可以帮你完成。

当有人在自己面前做笔记时，他们会感到紧张，**他们说的话将被留在纸上、数据中和社交网站上。这一瞬间，他们有了危机感，**他们自然会克制自己的音量，让自己"说得更准确一些"，其效果立竿见影。

这种情况下，最重要的是要装作很起劲的样子："我想确保我不会忘记！"。你以这种积极的、兴致勃勃的姿态，装出一副要做笔记的样子，对方很难对你有所抱怨。

如果你的对手以"活跃气氛"为借口为所欲为，那就让我们将计就计，抓住他们的小辫子吧。

那些喜欢信口开河的人▶▶▶

实际上 **他们撒谎是为了让气氛更加活跃**

NG **如果你指责他们，他们会向你翻白眼，指责你不会察言观色**

OK **假装做笔记，阻止他们撒谎**

解决！

语言反击技巧 37

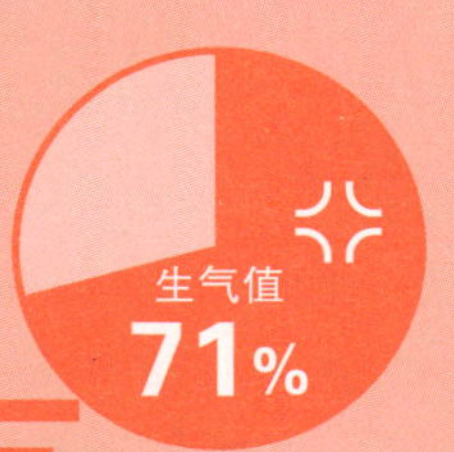

对待总说自己很忙的人，用“总说自己很空闲”来抗衡

“哎呀，最近我好忙啊。”

“这周我只睡了两个小时，累死了。”

“事情太多了，我要炸了。”

有些人总是说自己很忙。忙死了，时间紧张，没工夫睡觉。“什么意思？”你都不知道他们到底想表达什么，没法吐槽他们，这是他们令人恼火的原因之一。

你可能会质问他们：“那又怎样？”也可能表示：“我也很忙。”或者表扬他们：“你好充实啊！”又或者担心他们：“你身体不要紧吧？”但无论怎样他们似乎不会做出任何反应，他们只是重复：“哦，我很忙。”

这到底算什么！

有没有什么方法可以快速而方便地进行反击呢？

总说自己很忙是为了显示自己过得很充实

那些总说自己很忙的人，目的是为了炫耀自己过得很充实。

他们想要展示给别人，无论工作还是私生活，他们每天都很充实，周围人都指望着他们。他们希望你为此点赞，夸奖他们这样子好厉害，这种心理就表现为总炫耀自己“很忙”。

假如直截了当地吹嘘：“没有人像我一样擅长这份工作。”或者“被委以重任，我感到自豪。”通俗易懂，还有点可爱劲儿。

然而，这种缺乏诚实和自信的人，只会委婉地夸口说自己“很忙”。

他们想迂回地吹嘘：“我过得很充实，生活质量高。”“我不像你，每天都过得浑浑噩噩。”

所以，如果你向他们确认：“真的有那么忙吗？”他们会含糊其辞：“也没有那么忙啦。”如果你表扬他们：“好厉害啊！”他们会假装害羞：“我不是想吹牛哦。”他们的话总是这样没有重点，你就没法和这种人聊天。

“我只想得到一点赞美。”“我没想过要真的跟你竞争。”“我希望你担心一下我。”“我希望你能温柔地尊重我。”

这种**十分微妙的“渴望认同感”，就是他们不停地强**

调“我很忙”的原因所在。

怎么样？你不觉得认真对待这种事情是浪费时间吗？有什么办法可以巧妙地摆脱他们呢？

“我很忙”VS“我很闲”，不要接他们的话茬

如果有人向你倾诉他们很忙，那你就用“我很闲”来对抗。

“哎呀，最近我好忙啊。”

“啊，最近好闲啊。”

“这周我只睡了两个小时，累死了。”

“这周我睡得很好。睡太多了，有点累。”

“事情太多了，我要炸了。”

“哇，我空闲得要命！”

每当对方说“我很忙”时，你都可以平静地用“我很闲”来对付，就算你说的是假话那也无所谓。

他们很忙，你很闲。

让你俩的对话保持在两条不相交的平行线上。

渐渐地，对方会察觉形势不妙：“这是怎么回事？”“我的炫耀怎么好像没什么效果？”然后他们就会转换话题。

等到对方不耐烦了，开始吹嘘一些具体的事情，比如：“我现在负责这项工作。”“我上周和男朋友去旅行了。”你就可以跟他们开始尝试正常的对话了。

对待这种间接又麻烦的自我吹嘘，坚决不接茬是不变的法则。

只有在他们夸耀具体内容的时候再给回应！

那些总说自己很忙的人▶▶▶

实际上 **他们想以一种迂回的方式炫耀自己过得很充实**

NG **认真回应他们是浪费时间**

OK **宣称自己很空闲，不要接他们的话茬**

解决！

八卦容易踩雷，
最好的办法就是装傻充愣

结束语

不知为何，世界总是处在焦虑之中。

无论是新闻里，还是你身边，无论是工作中、街上，或是社交网站上，你都会看到有人在生气，每个人都很急躁。

你感觉自己像在一层厚厚的云雾中穿梭，雾气久久不散。

很多人都会打击别人，否定对方，好像这样做就能够驱除自己内心的迷雾，不再烦闷。

但结果是负能量不断循环……

写这本书目的是想为这世界做点什么。

主题就是“反驳”。

有人对你说了很过分的话，让你感到愤怒。

遇到这种情况，有没有一种反驳的方式，**无需咬着嘴唇忍气吞声，也不用抓住对方的领口给他一拳，**而是光靠反驳，就能让人感到愉悦和痛快呢？

如果有这样的方法，很多人将会感到神清气爽、心平气和，对方也会自然地改变自己的行为。这样一来，正能量就会一点点地在这个世界上循环。

带着这个希望，我绞尽脑汁，想出了这些还不错的“反驳”技巧。

一个接一个，小心翼翼地，希望它们能传递到你手中。

如果这里介绍的任何技巧能帮到你，使你的日常生活更轻松，我将非常高兴。

或者，你在这本书的某一页、某一行中读了几个字，令你感觉轻松了一些，那我将感到无上荣幸。

谢谢你读到最后。

期待可以和你再见！

五百田达成